酒店餐饮民宿经营与管理指南系列

连锁餐饮怎样做

策划·运营·推广·管理

方辉——编著

化学工业出版社

·北京·

《连锁餐饮怎样做——策划·运营·推广·管理》一书，对于连锁餐饮企业策划、运营、推广、加盟的方方面面进行了详细的解读。

◆ 连锁餐饮策划：连锁经营认知；连锁组织结构设计；连锁扩张模式选择；连锁开发选址；产品研发与创新。

◆ 连锁餐饮运营：中央厨房管理，供应链优化管理，企业培训管理，外派人员管理，成本控制管理。

◆ 连锁餐饮推广：品牌推广，菜品推广，微信公众号推广，微博推广，抖音推广，节日促销推广。

◆ 连锁餐饮加盟：加盟计划管理，加盟招募管理，加盟合同管理，加盟督导管理，加盟辅导管理，加盟信息管理。

本书图文并茂，穿插大量的实战案例，内容涵盖了连锁餐饮运营的方方面面，实用性非常强。可供连锁餐饮的管理者、从业人员，以及新入职的大中专学生、有志于从事连锁餐饮管理的人士学习参考。

图书在版编目（CIP）数据

连锁餐饮怎样做：策划·运营·推广·管理/方辉编著.—北京：化学工业出版社，2020.5
（酒店餐饮民宿经营与管理指南系列）
ISBN 978-7-122-36295-7

Ⅰ.①连⋯　Ⅱ.①方⋯　Ⅲ.①饮食业-连锁企业-经营管理　Ⅳ.①F719.3

中国版本图书馆CIP数据核字（2020）第032653号

责任编辑：陈　蕾　　　　　　　　　　　装帧设计：尹琳琳
责任校对：王　静

出版发行：化学工业出版社（北京市东城区青年湖南街13号　邮政编码100011）
印　　装：三河市延风印装有限公司
787mm×1092mm　1/16　印张11½　字数231千字　2020年6月北京第1版第1次印刷

购书咨询：010-64518888　　　　　　　　售后服务：010-64518899
网　　址：http://www.cip.com.cn
凡购买本书，如有缺损质量问题，本社销售中心负责调换。

定　　价：68.00元

前言

近年来，我国餐饮行业的连锁化率越来越高，2018年连锁门店的增长率是23%，中国餐饮业走向品牌化、连锁化的发展趋势已经明确。但连锁经营并不是简单的单店复制，应依据区域、地点、目标人群等进行科学策划。

连锁经营、品牌战略将是提高餐饮企业竞争力的着力点，是未来餐饮业经营模式的主要发展方向。因此餐饮企业应该随趋势而变，让思维转变，这样才能在越来越激烈的市场竞争中立于不败之地。

餐饮连锁经营的最大特点是化繁为简，谋取规模经济效益。它通过总部与分店管理职能、专业职能的分工，餐饮连锁店的分配体系以及通畅的信息网络的建立来实现。

同时随着互联时代的到来，餐饮业也在经历着巨大的变革，从传统餐饮业的模式正在加速转换为"互联网+餐饮"。而餐饮企业想要得以长久发展，就必须通过各种有效的推广方式来获得源源不断的客源。当然加盟经营对于连锁餐饮企业是一把"双刃剑"，如能用之长处，杜绝漏洞，总部与加盟方会共同获利，达到双赢。因此连锁餐饮企业在实际管理中，就应把握好尺度，真正用好加盟这种经营方式。

为了让更多的创业投资及连锁餐饮企业的管理者、从业人员，以及新入职的大中专学生、有志于从事连锁餐饮管理的人士花最少的钱学习到最好的东西，我们编写了《连锁餐饮怎样做——策划·运营·推广·管理》一书。

《连锁餐饮怎样做——策划·运营·推广·管理》一书分四章对连锁餐饮企业策划、运营、推广、加盟的方方面面进行了详细的解读。

◆ 连锁餐饮策划：连锁经营认知；连锁组织结构设计；连锁扩张模式选择；连锁开发选址；产品研发与创新。

◆ 连锁餐饮运营：中央厨房管理，供应链优化管理，企业培训管理，外派人员管理，成本控制管理。

◆ 连锁餐饮推广：品牌推广，菜品推广，微信公众号推广，微博推广，抖音推广，节日促销推广。

◆连锁餐饮加盟：加盟计划管理，加盟招募管理，加盟合同管理，加盟督导管理，加盟辅导管理，加盟信息管理。

本书图文并茂，穿插大量的实战案例，内容涵盖了连锁餐饮运营的方方面面，实用性非常强，可供连锁餐饮的管理者、从业人员，以及新入职的大中专学生、有志于从事连锁餐饮管理的人士学习参考。

由于笔者水平有限，加之时间仓促，书中疏漏之处在所难免，敬请读者批评指正。

编著者

01

第一章　连锁餐饮策划

近年来餐饮行业的连锁化率越来越高，2018年连锁门店的增长率是23%，中国餐饮业走向品牌化、连锁化的发展趋势已经明确。但连锁经营并不是简单的单店复制，应依据区域、地点、目标人群等进行科学策划。

第二章　连锁餐饮运营

连锁经营、品牌战略将是提高餐饮企业竞争力的着力点，是未来餐饮业经营模式的主要发展方向。因此餐饮企业应该随趋势而变，让思维转变，这样才能在越来越激烈的市场竞争中立于不败之地。

03

第三章　连锁餐饮推广

随着互联时代的到来，餐饮业也在经历着巨大的变革，从传统餐饮业的模式正在加速转换为"互联网+餐饮"。而餐饮企业想要得以长久发展，就必须通过各种有效的推广方式来获得源源不断的客源。

04

第四章　连锁餐饮加盟

加盟经营对于连锁餐饮企业是一把"双刃剑"，如能用之长处，杜绝漏洞，总部与加盟方会共同获利，达到双赢。因此连锁餐饮企业在实际管理中，就应把握好尺度，真正用好加盟这种经营方式。

第一章
连锁餐饮策划

近年来餐饮行业的连锁化率越来越高，2018年连锁门店的增长率是23%，中国餐饮业走向品牌化、连锁化的发展趋势已经明确。但连锁经营并不是简单的单店复制，应依据区域、地点、目标人群等进行科学策划。

第一节　连锁经营认知

连锁经营顺应了社会化大生产的潮流，为商品的流通创造了更广泛的空间。目前在工业发达国家，连锁经营已是一种非常重要的流通业态，现在全世界连锁经营的销售额已经占全球销售总额的60%～70%。

一、连锁经营的概念

连锁经营是一种商业组织形式和经营制度，是指经营同类商品或服务的若干个企业，以一定的形式组成一个联合体，在整体规划下进行专业分工，并在分工的基础上实施集中化管理。连锁经营有一个核心企业称为总部或总店，其他分散经营的店称为分部或分店。

小提示：

与连锁经营相对的经营模式称为多店经营，是在资金、人力的支持下，发展多店铺经营，但是店铺之间没有多大联系，发展到一定规模后很难突破瓶颈。

二、连锁经营的核心

连锁经营的核心是规模经营、效益优先。连锁经营要保证图1-1所示的六个统一。

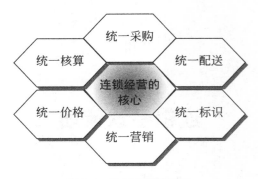

图1-1　连锁经营的核心

三、连锁经营的特征

连锁经营主要具有图1-2所示的四个特征。

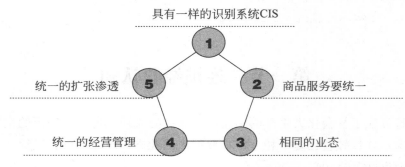

图1-2　连锁经营的特征

1.具有一样的识别系统CIS

企业的识别系统CIS（Company Identify System）包括理念识别系统（MI）、视觉识别系统（VI）、行为识别系统（BI）。

MI是指连锁企业的经营理念、企业文化、工作价值观等的统一，是企业识别系统最重要的环节。VI是对连锁企业的商标、标准字号、外观、装潢等整个视觉所看到的都要进行统一，有利于消费者识别。BI包括员工的着装、礼节、口号、仪表、语言等，要使消费者产生认同感。

2.商品服务要统一

连锁经营不仅销售的商品种类要一致，还包括连锁店内的商品摆设、价格、所进行的促销活动等都要一致。保证顾客无论去哪一家消费都有相同的感觉，享受到一致的商品和服务。

3.相同的业态

所谓业态是指企业为满足不同的消费者需求而形成的不同服务形态。连锁总部按照消费者需求和市场状况，组织商品，设置相应的服务形态。

比如，百胜餐饮集团旗下包括肯德基、必胜客、小肥羊、东方既白、塔可钟等不同业态。虽然连锁总部发展不同的业态，但是其加盟者通常只选择一种业态加盟。

4.统一的经营管理

连锁总部无论是对直营店还是加盟店的经营进行管理，都要求产品或服务达到质量标准。连锁业强调标准化、一致化，管理制度就是维护标准化的工具，因此必须建立一套标准化经营管理制度系统。

5.统一的扩张渗透

连锁企业的总店和分店的扩张渗透战略必须一致，也就是说它们扩张和渗透的方向、广度、速度都必须统一。

除此之外，连锁经营还有其他的特征，如建立长期合作关系、双方共同分享经济利益、双方都是独立的法律实体、加盟者自负盈亏承担经济责任等。

四、连锁经营的方式

连锁经营的主要方式有自由连锁、直营连锁、特许加盟连锁、托管特许连锁四种。

1.自由连锁

自由连锁经营是指在激烈的商业竞争环境中，企业之间为了共同利益结合而成的事业合作体，各成员是独立法人，具有较高的自主权，只是在部分业务范围内合作经营，以达到共享规模效益的目的。其组织形式如图1-3所示。

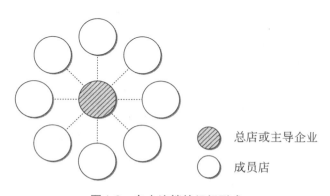

图1-3　自由连锁的组织形式

（1）自由连锁的特点

① 成员店的所有权、经营权和财务核算都是独立的，可以使用成员店各自的店名商标。

② 总店或主导企业与成员店之间并不存在经营权的买卖关系，他们主要是靠合同和

商业信誉建立一种互助互利的、松散的关系，以达到规模经营的目的。

③ 总店与成员店之间是协商和服务的关系。

（2）自由连锁的缺点

① 总店对分店的约束力有限，对整体素质要求较难，容易失去整体效益，而且各店素质不一，企业形象也不易维持。

② 对于整体营销计划与策略的执行往往不能达到最佳水平。

2.直营连锁

直营连锁指总公司直接经营的连锁店，即由公司总部直接经营、投资、管理各个零售点的经营形态。其组织形式如图1-4所示。

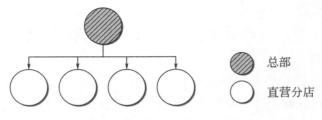

图1-4　直营连锁的组织形式

（1）直营连锁的特点

① 每一家直营分店的所有权都属于同一主体。

② 实行总部统一核算，各连锁店只是一个分设销售机构，销售利润全部由总部支配。

③ 总部与其下属分店之间的关系属于企业内部的专业化分工关系，在经营权方面基本高度集中。

（2）直营连锁的缺点

① 各直营分店缺乏自主权和应变的弹性，难以把握地区性的市场机会。

② 相对于其他连锁形式，直营连锁的投资大、成本高，分店增长速度慢。

3.特许加盟连锁

特许加盟是特许人与受许人之间的一种契约关系。根据契约，特许人向受许人提供一种独特的商业经营特许权，并给予人员训练、组织结构、经营管理、商品采购等方面的指导和帮助，受许人向特许人支付相应的费用。其组织形式如图1-5所示。

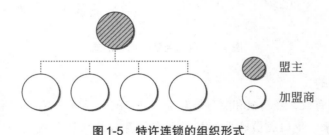

图1-5　特许连锁的组织形式

（1）特许加盟连锁的特点

① 各加盟商之间以及加盟商与盟主之间的资产都是相互独立的。

② 各加盟商与其盟主都是独立核算的企业，特许店在加盟时必须向盟主一次性交纳品牌授权金，并在经营过程中按销售额或毛利额的一定比例向盟主上缴"定期权利金"。

③ 盟主与加盟商之间的关系是平等互利的合作关系。

（2）特许加盟连锁的缺点

① 特许连锁体系存在排他性，在一定程度上限制了市场扩展的机会，而且使新的加盟商在选择上受到某种限制。

② 当特许连锁体系逐渐扩大后，会出现区域问题、文化问题等方面的困难。

4.托管特许连锁

托管特许连锁是指主导企业（通常为拥有知名的自主商品品牌和良好商誉的连锁公司或厂商）以订立合同的方式，把自主开发的商品、商标、商号、服务技术或营业设施，在一定区域范围内的营销权授予加盟店铺，允许他们按合同规定开展营销活动，由此而形成的商业组织。其组织形式如图1-6所示。

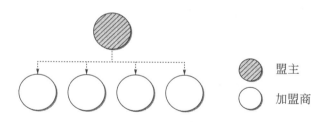

盟主

加盟商

图1-6　托管特许连锁的组织形式

（1）托管特许连锁的特点

① 加盟商之间以及加盟商与盟主之间的资产都是相互独立的。

② 盟主拥有各加盟店的经营权，但不对盈利承诺。

③ 各加盟商只有建议权、监督权和利益分享权，并需要支付管理费和各项费用。

④ 除主要管理人员外，其他人员都由盟主指导招聘，但人员归各加盟商管理，盟主不负担工资及其他责任。

（2）托管特许连锁的缺点

① 各加盟商没有经营自主权，工作的自主性受到限制，还会增加对盟主的依赖性。

② 盟主需要有很强的管理控制能力、人员开发与培训能力，这给许多公司造成了困难。

5.不同连锁经营方式的对比

不同连锁经营方式的对比如表1-1所示。

表 1-1　不同连锁经营方式的对比

项目	自由连锁	直营连锁	特许连锁	托管特许连锁
所有权	总店和各成员店的所有权是相互独立的	总部和各直营单店的所有权属于同一主体	盟主和各加盟商的所有权是相互独立的	盟主和各加盟商的所有权是相互独立
经营权	总店和各成员店的经营权是相互独立的	总部拥有经营权	各加盟商拥有经营权	总部拥有经营权
总部与各连锁店的连接点	合同或商业信誉	所有权、经营权	特许合同	托管特许合同（经营权包含在内）

 相关链接

连锁经营的积极作用

1.把无形资产变成有形的资本运营

对于那些已经取得成功的餐饮店，它们往往在市场上已经享有一定的声誉，树立了自己的品牌，同时它们也拥有了专有的产品、技术以及管理运作经验。如何把自己的品牌发扬光大，把属于自己的名称、标志、专有技术、产品以及运作管理经验等抽象的无形资产变为有形的资金来获取利润，达到资本增值的目的，成立餐饮连锁公司就是实现这一目的的有效途径之一。

2.加快餐饮店扩张的过程

我国的餐饮业正处于迅速发展时期，许多经营者成功地开了一家餐饮店后，很自然地想开第二家店，将自己的业务继续拓展。但单纯依赖于自己的资源来扩大自己的经营规模，是一件很不容易的事。比如资金问题，由于开一家餐饮店和开第二家、第三家以至于更多家餐饮店所需的要资金量，以及由此产生的财务费用，是完全不可同日而语的。

连锁经营的好处在于，它是利用别人的资源来扩展自己的业务，同时也让加盟者使用自己的无形资产来获得必要的利润。成功的连锁餐饮店，他们不仅仅是出售菜品和酒水，更是品牌、管理、经营理念的输出，而加盟者的加入也大大减轻了"庄家"在人力、物力、财力上的负担，不仅通过收取加盟费获得额外利润，而且实现了低成本扩张餐饮店的目的，在降低了经营风险的同时，实现了规模经济效益。

3.不断增值品牌价值

连锁餐饮店形成的知名品牌，实际上是在市场竞争中的强势品牌，"知名"即餐

厅的知晓度、美誉度、信任度、追随度高。通常消费者对该品牌的知晓度越高，满意度越强，信任感越深，对品牌越忠诚，该品牌的价值也就越高。因此增加品牌价值，首先要增加品牌的知晓度。而连锁经营的餐饮餐厅能够在短时间内迅速扩张，覆盖较为广大的区域甚至是国际化的市场，品牌价值增值速度极快。

第二节　连锁组织结构设计

组织结构是指一个组织内各构成要素以及它们之间的相互关系，主要涉及企业部门构成、基本的岗位设置、权责关系、业务流程、管理流程及企业内部协调与控制机制等，其目的是帮助企业围绕其核心业务建立起强有力的组织管理体系。

一、连锁组织结构的组成

通常来说，连锁企业包括总部—分店或总部—地区分部—分店两种结构。

1.连锁总部结构——为门店赋能

连锁总部是为门店提供服务的单位，通过总部的标准化、专业化、集中化管理使门店作业单纯化、高效化。

（1）总部职能。其基本职能主要有政策制定、店铺开发、商品管理、促销管理、店铺督导等，由不同的职能部门分别负责。

（2）主要部门构成。一般来说，连锁总部包括的职能部门主要有拓展部、营运部、商品部、财务部、管理部、营销部等。连锁总部运营标准化体系如图1-7所示。

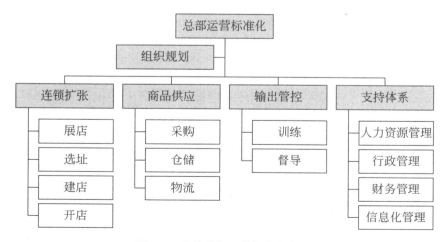

图1-7　连锁总部运营标准化体系

具体来说，连锁总部各部门的职能如表1-2所示。

表 1-2　连锁总部各部门的职能

序号	部门	具体职能
1	拓展部	（1）开设新店或发展加盟店时进行商圈调查 （2）制定选址标准、设备标准和投资标准 （3）决定自行建店、收购店或租店 （4）开店流程安排及进度控制 （5）开店工程招标、监督及验收 （6）新开分店的设备采购与各分店设备的维修保养 （7）新开分店的投资效益评估
2	营运部	（1）各分店营业目标和总的营业目标的拟定及督促执行 （2）对分店的经营进行监督和指导 （3）编制营运手册并监督、检查其执行情况 （4）营运人员调配及工作分派 （5）门店经营情况及合理化建议的反馈与处理
3	商品部	（1）商品组合策略的拟订及执行 （2）商品价格策略的拟订及执行 （3）商品货源的把握、新产品开发与滞销商品淘汰 （4）配送中心的经营与管理
4	财务部	（1）融资、用资、资金调度 （2）编制各种财务会计报表 （3）审核凭证、账务处理及分析 （4）每日营业核算 （5）发票管理 （6）税金申报、缴纳，年度预决算 （7）会计电算化及网络管理
5	管理部	（1）企业组织制度的确定 （2）人事制度的制定及执行 （3）员工福利制度的制定与执行 （4）人力资源规划，人员招聘、培训 （5）奖惩办法的拟定及执行 （6）企业合同管理及公司权益的维护 （7）其他有关业务的组织与安排，也可与财务部合并
6	营销部	（1）分店商品配置、陈列设计及改进 （2）促销策略的制定与执行 （3）企业广告、竞争状况调查分析 （4）企业形象策划及推出 （5）公共关系的建立与维护 （6）新市场开拓方案及计划的拟订，可单设也可并入营运部

2.连锁分部——加强区域的管理

连锁分部是连锁总部为加强对某一区域市场连锁分店的组织管理，在该区域设立的二级组织机构。这样总部的部分职能转移到地区管理部的相应部门中去，总部主要承担对计划的制订、监督执行，协调各区域管理部同门店的关系。

连锁分部标准化体系如图1-8所示。

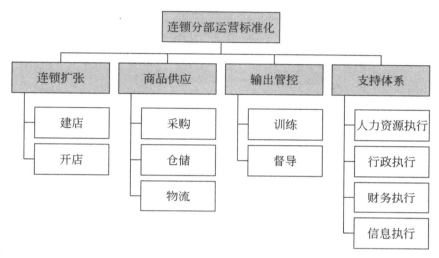

图1-8　连锁分部标准化体系

3.门店标准化——提高开店成功率

门店是总部政策的执行单位，是连锁公司直接向顾客提供商品及服务的单位。其基本职能如图1-9所示。

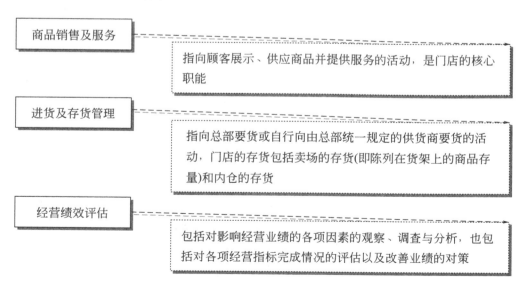

图1-9　门店的基本职能

二、连锁组织设立的原则

连锁组织设立的原则如图1-10所示。

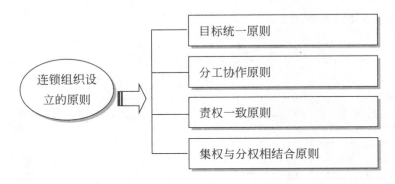

图1-10　连锁组织设立的原则

1.目标统一原则

目标统一原则是指组织结构的建立以及组织工作的开展，都要有明确的目的，要能够使组织的每个部门和每一个组织成员所进行的工作都与实现组织的总体目标联系起来。

2.分工协作原则

分工协作原则是指组织机构应能正确地反映为实现组织目标所必需的各项任务和工作分工，以及这些任务和工作之间的协调，组织的运行才能达到精干、高效。

3.责权一致原则

责权一致原则是指为保证组织结构的完善和组织工作的有效进行，在组织结构的设计中，职位的职权和职责要对等一致，包括图1-11所示的内容。

图1-11　责权一致原则

4.集权与分权相结合原则

集权是指把组织的管理权限较多地集中在组织最高领导层的一种组织形式；分权是指把组织的管理权限适当分散在组织中下层的一种组织形式。集权与分权相结合原理是指在组织工作中必须要正确处理好集权与分权的关系，这样才能保证组织的有效运行。

三、连锁组织结构的类型

连锁组织结构的类型主要有以下三种。

1.职能型组织结构

职能型组织结构如图1-12所示。

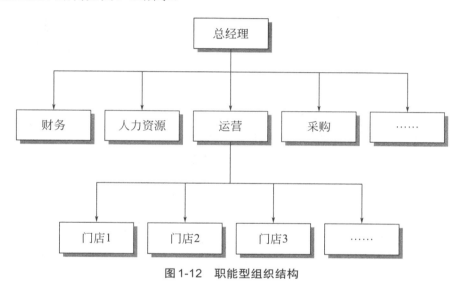

图1-12　职能型组织结构

总部集中职能对门店进行直营，门店数量还不多，总部能够掌控的情况下，可采用此结构。此结构的优劣势如表1-3所示。

表 1-3　职能型组织结构的优劣势

优势	劣势
·具体部门专业分工/关键能力聚集保证高效运作效率 ·不同部门的人员精简 ·便于在某个部门内深入进行技能开发 ·在一个稳定的环境内卓有成效地进行运作	·由于职能上的限制，大量工作需要跨部门的交涉，以致减缓决策制定 ·内部决策由于受到职能上的限制，不能直接反映客户需求 ·决策需通过高层人员才能获得跨部门的协调，制定重大决策

2.地区型组织结构

地区型组织结构如图1-13所示。

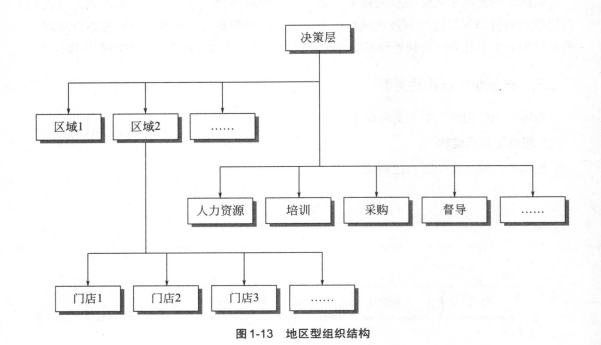

图1-13　地区型组织结构

随着企业规模的扩大和跨地区发展，总部已经无法对门店进行完全直接管理，需要引入区域的概念对门店进行间接经营掌控，总部在职能上进行支持，加强监督，实现跨区域发展，可采用此结构。此结构的优劣势如表1-4所示。

表1-4　地区型组织结构的优劣势

优势	劣势
·决策权下放 ·由于负责人及联系人明确，能够确保客户满意 ·职能部门之间高效地进行协调 ·部门容易适应地区及客户方面的各种变化 ·适应不稳定环境中的快速动变	·各个业务单元只关注本地区市场，很难形成区域联合 ·对内部/技术的侧重阻碍了协同促销的机会 ·资源分享不够及独立业务的规模经济导致高成本

3.混合型组织结构

当企业单品牌运作，且品牌运作效果很好，根据市场以及客户需求，想往多品牌或者横向品牌发展，混合型组织就此诞生。也就是说，混合型组织架构是在总部之下发展不同的公司或者不通的品牌，对区域或品牌进行规划和管理。其组织结构如图1-14所示。

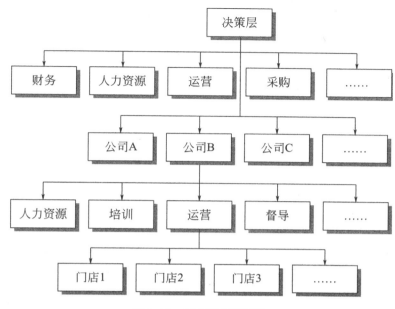

图1-14 混合型组织结构

混合型组织结构的优劣势如表1-5所示。

表 1-5 混合型组织结构的优劣势

优势	劣势
·总部统一指导，授权分公司管理运营 ·注重外部问题可以保证服务更满足客户需要 ·对市场形势的变化作出更快的反应，如有需要，能够传递和分享资源 ·能够使用灵活的、针对性强的方案来进行市场开发	·可能会重复建立一些职能部门 ·影响规模经济效益 ·分公司协调难度高 ·总部管控力度弱

四、连锁组织结构设计的内容

连锁企业组织结构设计应包含以下内容。

（1）按照企业战略目标要求，建立合理的组织架构，包括管理层次和职能部门的建立。

（2）按照业务性质进行分工，确定各个部门的职责范围。

（3）按照所承担的职责赋予各个部门、各管理人员相应的权力。

（4）明确上下级之间、个人之间的领导和协调关系，建立畅通的信息沟通渠道。

（5）设计企业的业务流程、管理流程和相应的组织文化，以保证所建立的组织结构有效地运转。

（6）根据企业内外部环境因素的变化，适时地调整组织结构。

相关链接 ‹⋯⋯⋯⋯⋯⋯⋯⋯⋯⋯⋯⋯⋯⋯⋯⋯⋯⋯⋯⋯⋯⋯⋯⋯⋯⋯⋯⋯⋯

××餐饮企业组织结构方案

一、××餐饮企业组织结构

××餐饮企业组织结构如下图所示。

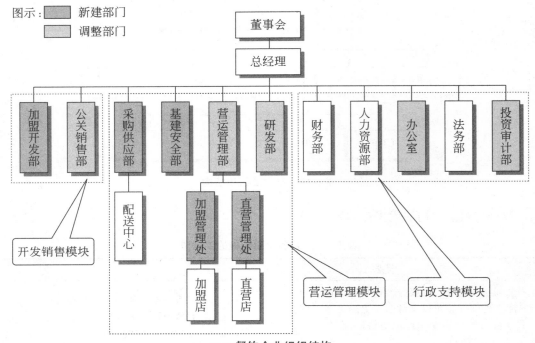

××餐饮企业组织结构

二、部门间的协作关系

部门间的协作关系如下图所示。

作业流程	市场营销	加盟开发	单店营建	营运管理
业务部门	公关销售部	加盟开发部		营运管理部 / 公关管理部
职能部门	财务部			
	人力资源部			
	研发部			
	办公室			
	其他职能部门			

部门间的协作关系

三、各部门主要职责

1.加盟开发部主要职责

（1）分店开发规划的拟定及批准执行。

（2）确定地点定位标准。

（3）商圈调查，确定网点。

（4）分店投资可行性分析，效益评估。

（5）加盟商评估标准的制定。

（6）加盟商评估。

（7）负责与加盟商签约。

（8）加盟店的营建支持。

2.公关销售部主要职责

（1）负责公司的CIS设计、宣传及维护。

（2）负责公司品牌推广计划的制订并指导实施。

（3）负责长短期促销计划的制订并指导实施。

（4）广告媒体选择及内容设计。

（5）公关活动的策划和举办。

（6）价格策略的制定和执行。

（7）负责对所有计划、方案实施过程的追踪及对结果的评估。

（8）市场的调查和分析。

（9）重要客户关系的管理和维护。

3.采购供应部主要职责

（1）负责对公司所需采购的半成品、原物料及设备的市场变化与行业规律做调查和了解。

（2）负责签订采购合同、货款结算及解决后续问题。

（3）协助制定配送中心的存货控制模型（安全库存、最高库存、最佳订货量等）。

（4）制订配送计划及排班表。

（5）接受营运中各直营/加盟店的订货要求，合理安排送货。

（6）根据各分店的要货进行配组，然后进行分送。

（7）为各直营/加盟店建立配送档案。

4.基建安全部主要职责

（1）负责公司基本建设项目的立项、上报、审批并组织实施。

（2）负责公司及直营店建设装修项目的招标、选定建筑商。

（3）负责对对外委托建设过程进行监理。

（4）负责公司及直营店改造项目的组织建设。

（5）负责公司外委托项目的完工验收。

（6）负责公司各店的安全生产工作。

（7）负责公司的安全保卫工作。

5.营运管理部主要职责

（1）负责各单店经营目标的拟定及督导执行。

（2）负责将公司的服务和品质标准及管理规定传递给各单店。

（3）给予直营/加盟店的指导支持，包括：营业指导、单店管理、人事管理等。

（4）负责单店经营业务的监督和指导，以维护公司的基本要求。

（5）负责单店经营服务标准执行情况的检查与监督。

（6）负责单店经营情况及合理化建议的反馈和处理。

6.研发部主要职责

（1）市场开发、营建、营运过程中各类相关标准的组织制定。

（2）对加盟店进行菜品创新开发的组织、指导和管理。

（3）组织进行各种方便食品、酒品饮料的开发。

（4）服务的研究总结。

（5）各种新型厨用设备的开发。

（6）其他产品的研究和开发。

（7）组织已开发产品的推广应用。

7.财务部主要工作职责

（1）组织各单位编制年度财务预算，归纳、分析并综合平衡公司的财务收支，编制年度预算报公司总经理办公会批准。

（2）遵照国家会计准则，建立健全公司会计核算体系，督促、监督公司各部门执行财务制度和有关金融法规。

（3）负责公司成本核算、成本控制。

（4）账务处理，各项费用、凭证的审核。

（5）各项财务会计报表的编制及财务分析工作。

（6）每日营业现金收支统计。

（7）分店会计作业指导。

（8）做好公司有关财务基础资料的整理、保管工作。

8.人力资源部主要职责

（1）负责制定公司人力资源规划。

（2）负责公司所需人员的招聘、面试、调查、考核及安排上岗。

（3）负责员工劳资管理及奖惩和福利保险制度的制定与实施。

（4）人事档案管理。

（5）负责检查公司的员工手册及规章制度执行情况。

（6）公司各层次人员的培训计划制订及实施。

（7）负责公司各层次人员的绩效考核。

9.办公室主要职责

（1）文件及报告的拟定、收、发、存档。

（2）召开公司会议及会议纪要的撰写。

（3）负责开具公司对外的所有证明。

（4）负责公章的保管及使用。

（5）负责检查公司一切程序及规定是否得到执行。

（6）兼管公司的总务、后勤工作。

（7）合同及档案管理。

（8）负责建立公司及各加盟店信息系统模型。

（9）对收集信息进行处理分析，为高层管理人员进行决策提供信息支持，并经上级批准后及时反馈给相关部门。

（10）对公司及各加盟店的系统硬件进行维护。

（11）各信息点工作人员培训。

10.法务部主要职责

（1）负责公司的法律事务、知识产权保护、维权打假工作。

（2）负责公司所有的对外诉讼事务。

（3）负责公司的合同管理，严格合同审核，参与重要合同的签订。

（4）负责公司的公证、鉴证等事务。

（5）负责公司经营过程的法律咨询工作，对重大事务提供专项法律意见。

（6）监督、协调各加盟店的法律方面的工作。

11.投资审计部主要职责

（1）公司发展战略的制定。

（2）投资项目可行性分析。

（3）投资项目的管理。

（4）直营店的投资预案审批。

（5）公司资本运作。

（6）公司内部审计工作。

第三节 连锁扩张模式选择

对于连锁餐饮企业来说，直营和加盟各有千秋。对于一个新生连锁品牌或者正在扩张中的连锁品牌，可根据以下三个标准来判断该采取哪种模式来实施自己的连锁战略。

一、看总部和分店的主要纽带

现在的投资人一看是连锁企业，都会有以下同样的共识。

如果企业是以产品为主要纽带的连锁体系，可以考虑采用加盟连锁的模式，因为这样的连锁体系提供标准化产品容易，产品品质有保障；企业可以管控加盟商。

而以服务为主要纽带的企业，服务相对难以标准化，服务品质难以保障，所以更宜采用直营连锁模式来扩张企业。

这是因为总部和连锁店都是以服务为利润来源，双方吃的是一块蛋糕，对于总部来说，监管是个难题。如果采用加盟的方式，总部向连锁店收取营业额的分成和品牌使用费，总部向连锁店提供品牌、管理技术、收取相应的费用，以这种无形的投入和加盟店长期分成，其控制力和财务监管会日益弱化。

所以，很多风险投资公司更关注以直营为主的企业。

二、看总部对分店的掌握能力

优秀的连锁品牌都会具备对加盟店的管控，如麦当劳、肯德基、小肥羊等连锁餐饮企业。常见的控制方法有：品牌使用权控制、产品控制、IT系统的控制、客源的控制等。

很多成熟的连锁企业总部，都会把上述内容作为加盟的前提条件，并把这些内容清楚、明确地写在了加盟合作协议中，从而以法律的形式保障了自己对加盟店的控制。

有时总部对加盟店的控制是通过服务的形式来进行的。也就是说，总部和加盟商，总部是服务者，同时也是赋能给加盟商的。

可以发现，连锁企业总部对加盟店的控制手段越多，连锁企业总部对加盟店的掌控能力就越强；相反，连锁企业总部对加盟店的控制如果仅仅是依靠一张简单的合同，那么连锁企业总部对加盟店的掌控能力就越弱。

因此不同类型的连锁企业可以根据自己不同发展阶段采取相应的模式来扩张企业。

三、看分店对总部的依赖度

如果分店对总部连锁体系的依赖度非常高，离开总部的连锁体系之后，分店开不下去，或者生意很差，总部就可以考虑通过加盟连锁来扩张市场；如果分店对总部连锁体系的依赖度不高，或者比较低，离开总部的连锁体系之后，分店同样可以开下去，甚至生意还不错，总部就要考虑通过直营连锁来扩张市场。

事实上，整个连锁体系的扩张是连锁企业总部综合实力和控制能力的输出，取决于连锁企业总部的管理团队、资金、技术、管理和所处市场。

连锁企业总部好比是整个连锁体系的"地基"，这个"地基"决定着整个连锁体系的规模、质量和未来。而连锁体系的直营连锁模式好比是连锁企业总部"自己复制自己的能力"，而特许加盟连锁模式实际上是连锁企业总部"自己和别人一起复制自己的能力"，只有同时拥有这两种能力的连锁企业，才是最优秀、最有前途的连锁体系。

第四节　连锁开发选址

餐饮行业进行连锁经营，其连锁店的位置对连锁店的经营有着决定性的影响，选址不当，将导致经营的失败。

一、选址中应考虑的因素

在餐厅连锁店选址的过程中，必须对所选定的潜在地址的相关因素进行详细的分析，影响连锁餐饮企业营业地址选择的因素从宏观上讲包括地理因素、社会因素、文化因素、经济因素和市场因素等，具体来讲包括图1-15所示的内容。

图1-15　选址中应考虑的因素

1.地区经济

饮食消费是在人们有足够的资金满足日常衣、食、住、行等基本需要之后的可自由支配资金的支付。一个地区人们的收入水平、物价水平都会影响人们可供消费的金钱数量和他们必须支付的价格。一般地，当人们的收入增加时，人们愿意支付更高价值的产品和服务，尤其在餐饮消费的质量和档次上会有所提高，因此，连锁餐饮企业一般应选择在经济繁荣、经济发展速度较快的地区。

2.区域规划

在确定连锁店之前，必须要向当地有关部门咨询潜在地点的区域建筑规划，了解和掌握哪些地区被分别规划为商业区、文化区、旅游区、交通中心、居民区、工业区等。因为区域规划往往会涉及建筑物的拆迁和重建，如果未经了解就盲目地选定地址，在成本收回之前就遇到拆迁，会使连锁餐饮企业蒙受巨大的经济损失，或者失去原有的地理优势。同时，掌握区域规划后便于连锁餐饮企业根据不同的区域类型，确定不同的经营形式和经营规格等。

3.文化环境

文化教育、民族习惯、宗教信仰、社会风尚、社会价值观念和文化氛围等因素构成了一个地区的社会文化环境。这些因素影响了人们的消费行为和消费方式，决定了人们收入的分配方向。一般而言，文化素质高的人对餐饮消费的环境、档次的要求比文化素质低的人要高。文化环境的不同，影响连锁经营的规格和规模。

4.消费时尚

一段时期的流行时尚，往往能在很大程度上影响消费者的消费方式和方向。随着人们消费水平的提高、卫生观念的增强，人们在餐饮消费上越来越注意就餐的环境卫生，这样外表装修美观、舒适、洁净的连锁餐饮店就越来越为人们所接受。

5.竞争状况

一个地区餐饮行业的竞争状况可以分成两个不同的部分来考虑，如图1-16所示。

直接竞争的评估	非直接竞争
即提供同种经营项目，同样规格、档次的餐饮企业可能会导致的竞争，这对餐饮企业来说是消极的	非直接竞争包括不同的经营内容和品种，或同样品种、不同规格或档次的餐饮企业，这类竞争有时起互补作用，对餐饮企业是有利的

图1-16　餐饮行业的竞争状况

在选择连锁经营区域时，如果无任何一种形式的竞争，将具有垄断地位；如果有任何一种形式的竞争，都是值得连锁餐饮企业在投资前认真研究和考虑的。竞争既是一种威胁，又是一种潜在的有利条件，只要把竞争对手作为一面镜子认真分析其优势或劣势，就便于我们在竞争中掌握主动。

6.地点特征

地点特征是指与餐饮经营活动相关的位置特征。如餐饮企业经营所在的区域，如政治中心、购物中心、商业中心、旅游中心以及饮食服务区的距离和方向。连锁餐饮店所处的地点直接影响餐厅经营的项目和服务内容。

7. 街道形式

这个因素分析的是餐饮业连锁经营的选址模式主要考虑到街道和交通的形式会吸引人们到这个地方来，还是他们因旅游而使人口发生移动。

8. 交通状况

（1）从企业经营的角度来看，对交通条件的评估主要有下列两个地方。

① 在开设地点附近，是否有足够的停车场所能够利用。中国的停车场实际占地面积占城市规划中的比率比几个发达国家小好些。好些餐饮店没有自己固定的停车场，通常是停放在餐饮店前面一排；即使有大的停车场，也很可能是和别的企业单位合用。这样在车辆停放的时候就会产生很多问题，给餐饮店造成不必要的麻烦。因此，是否有足够的停车空间就成了不得不考虑的一个首要问题。

② 餐饮店原料供应是否容易。这就要考虑可供餐饮店利用的运输动脉能否适应原料配送的需求，如果运货费用明显上升，经济效益就会受到影响。

（2）为方便顾客就餐，促进上座率的提升，连锁餐饮企业在选址时可对交通条件做如下分析。

① 设在边沿区商业中心的餐饮店，要分析与车站、码头的距离和方向。通常距离越近，客流越多，就餐就越方便。开设地点还应该考虑客流来去方向，如选在面向车站、码头的位置，以下列车、船客流为主；选在临近市内公共汽车站的位置，则以上车的客流为主。

② 设在市内公共汽车站附近的餐饮店，要分析公共车站的性质，是中途站还是终始站，是主要停车站还是通常停车站。通常来说，主要停车站客流量大，餐饮店能够吸引的潜在顾客较多，中途站与终始站的客流量无统一规律，有的中途站多于终始站，有的终始站多于中途站。

③ 要分析市场交通管理状况所引起的有利与不利条件，如单行线街道、禁止车辆通行街道、与人行横道距离较远都会造成客流量在一定水平上的减少。

小提示：

关于目标地点的街道交通状况信息可以从公路系统和当地政府机关获得。如果交通数据最近还没有被统计出来，那么可以选取一天中最有意义的样本数据作为参考。交通状况往往意味着客源，获得本地区车辆流动的数据以及行人的分析资料，以保证餐厅建成后有充足的客源。

9. 客流规律

（1）分析客流类型。通常餐饮店客流可分为图1-17所示的三种类型。

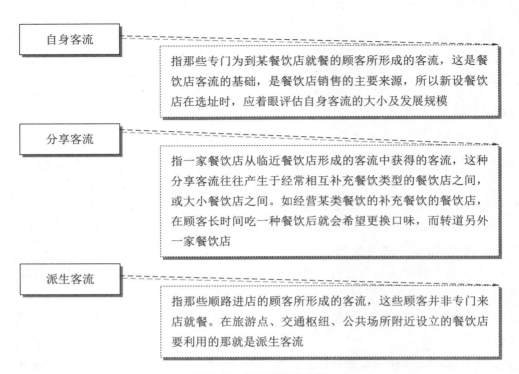

自身客流　指那些专门为到某餐饮店就餐的顾客所形成的客流，这是餐饮店客流的基础，是餐饮店销售的主要来源，所以新设餐饮店在选址时，应着眼评估自身客流的大小及发展规模

分享客流　指一家餐饮店从临近餐饮店形成的客流中获得的客流，这种分享客流往往产生于经常相互补充餐饮类型的餐饮店之间，或大小餐饮店之间。如经营某类餐饮的补充餐饮的餐饮店，在顾客长时间吃一种餐饮后就会希望更换口味，而转道另外一家餐饮店

派生客流　指那些顺路进店的顾客所形成的客流，这些顾客并非专门来店就餐。在旅游点、交通枢纽、公共场所附近设立的餐饮店要利用的那就是派生客流

图1-17　餐饮店客流类型

（2）分析客流目的、速度和滞留时间。不同地区客流规模虽可能一样，但其目的、速度、滞留时间各不一样，要先做详细分析，再做最佳地址选择。

比如，在公共场所附近、车辆通行干道，客流规模虽然很大，但客流目的不是为了就餐，同时客流速度快，滞留时间较短。

（3）分析街道两侧的客流规模。同样一条街道，两侧的客流规模在好些情况下由于光照条件、公共场所、交通条件设施等影响而有所差异。另外，人们骑车、步行或驾驶汽车都是靠右行，往往习惯光顾行驶方向右侧的餐饮店。鉴于此，开设地点应尽量选择在客流较多的街道一侧。

（4）分析街道特点。选择餐饮店开设地点还应该分析街道特点与客流规模的关系。交叉路口客流集中，能见度高，是最佳开店地点；如果街道由于两端的交通条件不同或通向地区不同，客流主要来自街道一端，表现为一端客流集中，纵深处逐渐减少的特征，这时候店址设在客流集中的一端；还有一些街道，中间地段客流规模大于两端，相应的店址设置在中间地段就更能招揽潜在客户。

10.规模和外观

餐饮店位置的地面形状以长方形、方形为好，必须有足够大的空间容纳建筑物、停车场和其他必要设施。三角形或多边形的地面除非它非常大，否则是不足取的。同时在对地点的规模和外观进行评估时也要考虑到未来消费的可能。

11.餐厅的可见度和形象特征

餐饮店的可见度是指餐饮店位置的明显程度，也就是说无论顾客从哪个角度看，都可以获得对餐饮店的感知。餐饮店可见度是由从各地往来的车辆和徒步旅行的人员的视角来进行评估的，这对坐落于交通拥挤的高速公路旁的餐饮店是重要的，餐饮店的可见度往往会影响餐饮店的吸引力。

同时餐饮企业无论从经营内容、方式、菜品质量、服务、装潢等方面，还是在所选地址上都应具有明显的突出的形象特征，这对坐落在拥挤的商业中心的连锁餐饮店尤为重要，形象特征会增加整个连锁餐饮企业的吸引力。

12.经济成本

餐饮店连锁经营的关键因素之一就是经济成本，在选择连锁餐饮店地址时就应充分考虑所在地区影响将来经营的成本因素，具体如图1-18所示。

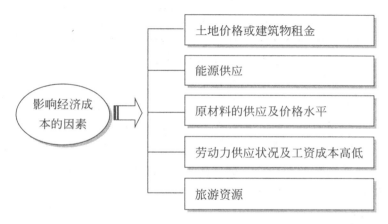

图1-18 影响经济成本的因素

（1）土地价格或建筑物租金。地价或租金的费用是在逐渐上涨的，而且连锁餐饮企业在投资时，土地费用或建筑物租金所占的比重也是较大的。城市不同区域、不同街道、不同地段其地价或租金相差是很大的。因此在选址时，应选择地价或租金合理的，有较大潜在优势的位置。

（2）能源供应。能源主要是指水、电、天然气等经营必须具备的基本条件，基本标准是"三通一平"。在这些因素中，水的质量尤为重要，因为水质的好坏直接关系到烹调的效果。

（3）原材料的供应及价格水平。餐饮企业经营每天都必须大量采购鲜活的原材料，如果所在地区原材料供应不足，会影响餐饮企业的服务水平和声誉，如从外地空运会增加成本，影响企业经营。如原材料有供应，那么货源是否充足，价格是否合理、稳定，都是在选择连锁经营的区域时需要考虑的因素。

（4）劳动力供应状况及工资成本高低。餐饮企业需要使用许多掌握技术的人员，如厨师或具有一定技能的服务人员等。潜在市场上是否具有企业所需要的人员及其工资标准对连锁餐厅尤为重要，这关系到整个连锁集团的服务水平和声誉，以及向其他地区的拓展问题。

（5）旅游资源。这一因素主要影响着过往行人的多少、旅客的种类等，因此对旅游点资源一定要仔细分析，综合其特点，选择适当的位置和餐饮的种类。

二、连锁餐饮店选址的原则

连锁餐饮店的选址是一项复杂的工作，在考虑上述基本因素的基础上，还应确定具体的经营场所。选择具体的经营场所应遵循图1-19所示的基本原则。

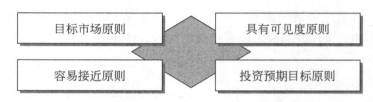

| 目标市场原则 | 具有可见度原则 |
| 容易接近原则 | 投资预期目标原则 |

图1-19　连锁餐饮店选址的原则

1.目标市场原则

任何餐饮企业都要根据目标市场，选择适当的地点，建立相应的规模，选择相应的设施设备和相应的经营内容与服务档次。连锁餐饮店的目标市场一般是高、中档次的工薪收入阶层，地址宜选择商业中心、居民区域和工薪阶层工作区域，经营方式上可分析餐饮业连锁经营的选址模式选择快餐、自助餐等。

2.容易接近原则

连锁餐饮店应选择在交通便利的商业区、经济区、文化区，要尽可能地设置规模相当的停车场，以方便顾客来往；连锁餐饮店应按所在地人们行进、停留的规律选址。

总之，餐饮店原则上应选择在顾客容易接近的地段和位置，因为顾客是以方便性来决定进入哪家餐饮企业的。

3.具有可见度原则

餐饮店的可见度是指餐饮店位置的明显程度，比如说选址的位置无论在街头、街中、巷尾，应让顾客从任何一个角度看，都能获得对餐饮店的规模和外观的感知，当然这需要从建筑、装饰等几个方面来完善。一般而言，连锁餐饮店宜紧靠某条主要街道、繁华的商业区域或某个公寓区。

4.投资预期目标原则

连锁餐饮店在选址时，除考虑外部因素外，还应考虑自身的条件，如经营品种、方式等，要以能实现预期投资目标的地点来衡量地理位置的优越程度。

三、连锁餐饮店选址的模式和方法

对于连锁餐饮企业，复制一个门店首先要做的是什么呢？肯定是选址，因为只有有了实体店铺平台，才能开始提供我们的产品和服务。通过上面的讨论分析，我们可以建立一个可复制的选址"一三模型"，如图1-20所示。

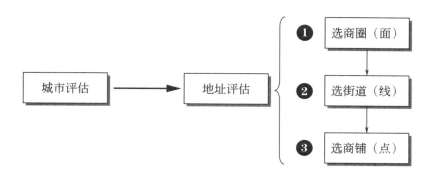

图1-20　选址"一三模型"

选址"一三模型"就是一个前提和三个步骤，一个前提就是选择进入城市的前提，即城市评估，三个步骤就是选取具体店铺地址的三步，即地址评估。

1.城市评估

对于连锁复制选址，首先应当对准备进入的城市或已经进入的城市进行综合评估，收集各种相关数据。具体如下。

（1）城市背景资料。地理位置、人口数量、人口密度、区域划分、城市发展规划、公共交通、竞争对手、政府优惠政策等。

（2）城市经济资料。经济水平、收入水平、房价、物价、所属行业发展状况等。

传统做法一般看人均收入、城市的发展状况等，但一上来就进入细节，实际上往往使一线人员忽略了一个宏观大前提：城市的类型。

　相关链接 ‹···

城市类型

城市大概可分为以下3类。

1.工业化城市

这种城市的功能单一，人口较少，大都是某个或某几个大型企业的员工和家属。根据工业项目不同，又可分为：矿业城市（如大庆、克拉玛依、抚顺），重工业城市（如鞍山、本溪），轻工业城市（如东莞、番禺）。到了20世纪80年代还出现了电子及高科技工业城市，但都依附于大型城市周围，属于卫星城。

工业化城市居民中，工业企业员工占比很大，居民呈"金字塔型"消费结构，一线工人的数量大，收入稳定，当然绝对值不高，而且居民对购物时尚的追求不会太超前。那些商品种类又宽又深、档次和价格带很宽的零售商不易成功，而由于这类城市中很少有极贫困阶层，因此低价、散乱的业态也很难成功。

2.交通枢纽城市

一般这类城市是由两个因素产生：地理位置和行政区划。它们的建城时间都很早，大多有百年的历史，是商品和信息的集散地，又可分为：门户型（进入某个地区的必经之地，如山海关），交叉型（几个交通干线交叉的地方，如武汉、郑州），港口型（一个主要的出海港或内陆港，如大连、秦皇岛），地区核心型（某个地区的核心城市，如沈阳、西安）。

这类城市的居民有典型的"纺锤型"消费结构，即有少量特别富有的阶层和非常贫困的居民，而中层部分占大多数，而且中层群体里有一大批消费意识超前的顾客。这类城市积极吸纳的业态都比较先进，传统业态不占优势。虽然某些城市中层的收入也不高，但在跟风驱使下，会把价格带往上烘托。

3.混合型城市

混合型城市是上面两种城市功能的混合，其中很多是受政府政策的影响而成，往往成为特大型城市或城市群，又可分为：工业中心城市（依托围绕其周围的工业卫星城或园区发挥其交通枢纽的优势，如深圳），经济贸易中心城市（依托其在经济和贸易方面的软硬件优势，大力开发新兴工业园区和工业卫星城：如上海、北京），行政中心城市（首都、省政府所在地同时也是工业城市：如北京、长春）。

该类城市兼具上面两种特性，比较复杂，但由于各种传统或现代业态都比较发达，所以竞争很激烈。

在进入一个新城市选址前，我们都应该对城市的性质进行分类，以确定自己的业态类型、目标顾客、商品结构、价格带、竞争方法等。因为在各种城市中，往往对服装（时尚程度、价格水平）、食品（健康与否、新奇与否、价格水平）等方面的需求差异很大。例如，沿海港口城市和内陆矿业城市之间，对于食品结构的需求就大不一样。因此针对什么城市，应考虑什么变量，最后要开什么样的店，是需要决策者和拓展者不断摸索总结的。一般来说，政府规划者如果对城市有清晰的定位，并将各类资源集中于该定位，即可保证该城市的稳定发展，这些城市是选址者的首选。一旦对某类城市的特性掌握比较全面，开店成功率高，那么以后就可以大大节省同类城市的选址成本，并为该类城市的新店开业提供很多信息、经验的支持。

对相关数据进行分析，分析该城市的经济发展速度、城市规模、是否适合开连锁店；分析进入该城市的投入产出比，需要开多少家店才能基本覆盖；分析预测第一年的营业额及各项费用支出预算，分析预测第二年的增长趋势；分析客流规律及消费潜力；分析交通地理条件；分析竞争激烈度；分析人力成本；分析广告宣传成本；分析人文状况；分析其他影响经营的因素，如政府的工作效率等。在此基础上，形成该城市的评估报告，作为连锁企业进入该城市进行选址的前提依据。

2.地址评估

　　（1）选商圈。分析该城市各区域的商圈个数、商圈名称和类型，确定城市核心商圈、次级商圈与辅助商圈。对商圈的成熟度、发展规划、潜力、辐射范围、有无竞争对手等情况进行分析，以便选择符合定位、适合进入的商圈。

 相关链接

商圈

一、商圈的类别

　　商圈的变化时时牵动着业绩的发展，因此在开店时，商圈的设定异常重要。

　　（一）商圈设定分类

　　商圈的设定大致上可分为两种型态。

　　（1）徒步为主的商圈。例如商业区、住宅区等，以店为中心半径约1000米，以走得到且快速方便为主。

　　（2）车辆动线为主体的商圈。例如交叉路口附近及郊区外主干路上，此种商圈大多设置于郊外或下班路线上，有方便的停车空间及良好的视觉效果，可满足流动车辆人口的就餐需求。

　　（二）商圈以区域大小的分类

　　（1）临近中心型。其商圈的设定大约在半径500～1500米，即徒步商圈，此类型商圈分布在每个地区人口较密集的地方或商业集中地。

　　（2）地区中心型。其商圈的设定一般在半径3000米，我们称之为生活商圈。

　　（3）大地区中心型。此为地区中心更广的商圈。

　　（4）副都市型。通常指公共汽车路线集结的地方，可以转换车，而形成交通集汇地。

（5）都市型。商圈可涵盖的范围可能是整个都市的四周，其交通流或人潮流的层面，可能来自四面八方。

二、商圈的特性

商圈的特性若依通常的习惯，常将实地环境分成下列几种。

（1）住宅区。住宅区内的户数基本上须达1000户左右，如以一户4人来计算，则人数将达4000人左右。

（2）教育区。教育区及附近有大、中、小学等学校，其中以私立学校较为理想，因其学生大多比较有钱，消费层次比较高。当然也不能忽视补习班，补习班的集中区将更理想。

（3）办公区。办公区指办公大楼林立的地区，一栋办公大楼内的员工人数可能超过一二千人，尤其办公大楼内的上班族外食比例非常高。

（4）商业区。商业区指商业行为集中的地方，由于过路客的增加，形成各种餐饮店聚集之处，以快餐为主。

（5）娱乐区。娱乐区指以休闲消费为主的商圈，通常玩乐之后需要补充体力。

不难发现，住宅区的顾客群较为稳定，而且一般性的消费也较固定，如再加上交通主动脉的配合（因为增加部分的外来客），将使该区的业绩有上升的可能。

三、商圈店址调查与评估

店址选择的好坏，在开店战略中是至关重要的。失败店的主要因素有以下三点。

（1）地点选择失败。

（2）不熟练的评估人员致使调查的资料与判断不准。

（3）许多餐饮店的连锁加盟部为了达到开店数量的目标而开店，因此产生了许多失败店。

由上述因素可以发现，商圈实地调查及评估准确是十分重要的。大体而言，餐饮店在开店之前，对于实地调查作业应精心细致。如考虑店面出入的人口流量多少；附近有几家同类店或不同类店，其营业情形如何、商品的内容如何、价位的高低等，均是衡量的重点。

四、商圈实地调查的要点

（一）开店地点周围住户的情形

开店地点周围住户的情形，亦即所谓的居民居住条件，其范围有以下几类。

（1）住宅的种类。A单身住宅，B普通小区住宅（分大、中型），C公寓（分电梯大楼、普通公寓），D高级住宅区。以上的住宅种类都适合开设餐饮店，但贫民区、老人住宅区则不太适合。

（2）住户的构成。餐饮店的客户群以20岁以上的青壮年为主，单身男女尤其重要。如以职业类别来看，蓝领及白领阶层以及服务业人员都是比较理想的对象。

商圈内有助于餐饮店设立的条件，有以下几种：①中小型企业（内部没餐厅）；②中大型医院；③大学、专科及高中职校；④车站附近；⑤大型集中住宅区。

商圈未来详细考虑如下：①地区内人口及户数的增加；②新设车站的计划；③学校的建设计划；④马路新设、增设及拓宽计划；⑤小区住宅的兴建计划。

（二）商圈内的竞争性

商圈内的竞争性指的是区域内的大型店、同类店或商业聚集较多时，要先确定是否还有设店的空间。

在地点位置详细图中，可了解周围1500米内交通、道路、住宅及公共场所的位置关系，进而判断该点的位置是否理想。

方法如下：中心点为预开的餐饮店的位置，而3条圆虚线由内而外各代表500米、1000米、1500米的范围，可将500米内的道路、住宅及公共场所标注在圆内再进行分析与判断。

将车辆动线标示清楚，这时设立地点附近的相关位置清清楚楚，可以很清楚地判断哪一点比较有利，其车辆的动线是在哪里汇集，广告效果哪一个比较理想，哪里停车较方便等。

最后再把距离内的商圈标注清楚，就可以很清楚地判断该点是否可以设店了。

（2）选街道。当我们确定了进入某个城市之后，就要对其地图按功能进行区域划分。一般我们对城市区域类别做如下划分，如图1-21所示。

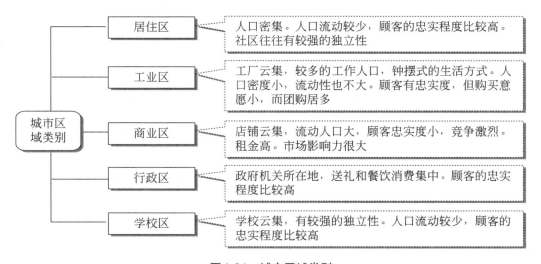

图1-21　城市区域类别

对所选商圈的街道个数、名称和类型，对街道条件、人流车流、竞争情况等进行分析。

① 街道条件。街道长度、街道宽度、店铺数量、人流出入口、街道成熟度。

② 人流车流。人流量、车流量（早、中、晚）。

③ 竞争情况。典型竞争门店数。

④ 吸引情况。有无与所属行业顾客群产生吸引力的设施或条件。

（3）选商铺。选商铺主要分析两方面内容：外部评估和内部评估。

① 外部评估。人流量、车流量、门店可视范围、门前空地、门前道路宽度、邻铺类型等。

② 内部评估。面积、建筑结构、招牌长度、门面长度、配套水电条件、租金等。

 相关链接

××餐饮企业选址调查表

选址地点交通概况	地点		记分
	交通状况	□主干道　□次干道　□支道　□有隔离带　□无隔离带 路宽_____米、距站牌____米、公交车____路	
	地址属性	□商业区　　□半商半住区　　□住宅区	
店铺结构概况	室外	主楼高____层、楼龄__年、店铺__楼，门面宽____米、高____米，招牌宽____米、高____米，门前空场____平方米	
	室内	室内平面形状　□正方形　　□长方形　　□不规则 使用面积____平方米、深__米、宽____米、高____米 卷闸门　□有□无，玻璃门窗　□有□无，洗手间 □有□无	
租赁条件概况	先前租户从事____行业、租期____年、租金____元/月、押金____元、免租期____天；租金调幅：□租期内不调□每年上调____%；转手费____元		
商圈分析概况	邻铺概况	左右两边五家店铺依次为左_____、_____、_____、_____、_____、右_____、_____、_____、_____、_____； 晚上关门时间平均为：____时，空铺左__家、右__家	
	第一商圈（半径500米）	约有住户____户、约____人、人均收入____元，16～40岁约占____%、上班族约占____%、从商人员约占____%、当地居民约占____%、学生约占____%、游客约占____%	
		人流统计（以每5分钟计算）： 周一至周五上午9:30～11:30____人、双休日____人； 13:30～15:30____人、双休日____人； 17:00～19:00____人、双休日____人； 20:00～22:00____人、双休日____人	

续表

商圈分析概况	第二商圈（半径500～1000米）	约有住户____户、约____人、人均收入____元，16～40岁约占____%、上班族约占____%、从商人员约占____%、当地居民约占____%、学生约占____%、游客约占____%	
	第三商圈（半径1000～1500米）	约有住户____户、约____人、人均收入____元，16～40岁约占____%、上班族约占____%、从商人员约占____%、当地居民约占____%、学生约占____%、游客约占____%	
第一商圈内店铺营运分布概况竞争对手分析（半径500米内）	店铺营运分布概况	大型超市□有□无、日平均客流约____人、距选择店____米、学校□有□无，有____家（其中小学____所，学生约____人、距选择店____米，中学____所，学生约____人、距选择店_____米，大学____所，学生约____人、距选择店_____米）	
	竞争对手分析	竞争店：□有、□无，有____家、第一家距选择店_____米、营销模式_____、规模_____平方米，经营品种_____营运状况：□优□一般□差；第二家距选择店_____米、营销模式_____、规模_____平方米，经营品种_____、营运状况：□优　□一般　□差	
SWOT分析	Strengths（优势）： Opportunities（机会）：	Weakness（劣势）： Threats（威胁）：	

相关链接

××店铺选址及店面评估表

	地点	省　市　县　区　路　号
选址地点及交通概况	交通	□主干道　□次干道　□支道　□有隔离带　□无隔离带，离过街人行横道的距离____米
	状况	路宽____米、距站牌____米、公交车_____路，公交车站台候车人流量状况_____
	地址属性	□商业步行街　□校内学生商圈　□校外学生商圈，是否在社区人流动线位置_____

续表

店铺结构概况	室外	主楼高____层、楼龄____年、店铺____楼，商铺朝向____，门面宽____米、高____米，门前空场____平方米，停车位____个，人行道____米，门口/招牌障碍物：_____，现有招牌宽____米、高____米，可做宽____米、高____米
	室内	室内平面形状　□正方形　　□长方形　□不规则
		使用面积____平方米、深____米、宽__米、高____米
		卷闸门　□有□无，洗手间　□有□无，仓库□有□无
		电力状况　　　　　　给排水状况：
		电力增容
租赁条件概况	租赁情况	前租户从事_____行业、租期__年、每月租金____元、押金____元
		免租期：_____　　□　　无免租期
		租金调幅：□租期内不调　□每__年上调____%；转让费_____元
商圈分析概况	邻铺概况	左右两边五家店铺依次为 左： 右：
		上午开门时间：____时，晚上关门时间为：____时；
	商圈	人流统计（以每5分钟计算）：
		周一至周五9:30 ～ 11:30____人、双休日____人；
		周一至周五13:30 ～ 15:30____人、双休日____人；
		周一至周五17:00 ～ 19:00____人、双休日____人；
		周一至周五20:00 ～ 22:00____人、双休日____人。
		周围15 ～ 28岁人约占____%、学生约占____%、上班族约占____%、从商人员约占____%、当地居民约占____%、游客约占____%
		有利因素：学校□、幼儿园□、宾馆□、酒店□、酒楼□、酒吧□、娱乐城□、卡拉OK夜总会□、电影院□、巴士站□、图书馆□、小商品市场□、肉菜市场□、公园□、写字楼□、食肆□、医院□、运动场□、停车场□、城中村□、工厂宿舍□、旅游点□、政府机构□_____
		写字楼____座，入驻情况：_____，消费层次：_____，临近菜市场____米，海鲜____档，水果____档，面包____档

续表

	店铺营运	大型超市□有□无、日均客流约＿＿＿人、距店＿＿＿米
商圈内店铺营运分布概况及竞争对手分析（半径500米内）	分布概况	小学＿＿＿所，学生约＿＿＿人、距选择店＿＿＿米； 中学＿＿＿所，学生约＿＿＿人、距选择店＿＿＿米； 大学＿＿＿所，学生约＿＿＿人、距选择店＿＿＿米
	竞争对手	竞争店：□有、□无，有＿＿＿家
	分析	第一家距选择店＿＿＿米、营销模式＿＿＿＿＿＿＿，经营规模：＿＿＿平方米，经营品种＿＿＿＿＿＿＿，营运状况：□优　□一般□差
		第二家距选择店＿＿＿米、营销模式＿＿＿＿＿＿＿，经营规模：＿＿＿平方米，经营品种＿＿＿＿＿＿＿，营运状况：□优　□一般□差
审核	考察人意见	
	拓展部意见	
	连锁运营部	
	总经理	

第五节　产品研发与创新

餐饮产品是餐饮企业提供给消费主体的消费对象，是餐饮企业赖以生存发展的物质基础。餐饮企业要在激烈竞争的市场中获胜，就必须努力改善自己的经营思路，提高餐饮产品研发与创新的能力和速度，不断推出新产品，以提高自己的竞争力。

一、餐饮产品研发与创新的认知

1.餐饮产品研发

餐饮产品的研发是指根据市场信息反馈，采用新的原料、新的烹饪方法，开发市场中具有发展潜力但目前尚未被满足的符合当代人类营养饮食观念和口味的餐饮产品，或通过原料替代、烹调方法的改进对传统菜点用新的思路和方法进行改良和完善，使改进后的菜点在口感上、外形上具有新的风格。

2.餐饮产品创新

餐饮产品创新是经营者抓住市场的潜在机会，以获取商业利益为目标，满足顾客对餐饮产品和服务的适意性、实用性、安全性、经济性和市场价值的需要，从而推出新的餐饮产品，如新菜点、新服务、新环境等。它的实施是包括企业的市场定位、企业文化、企业特点和消费者的心理需求等一系列要素的组合。

二、餐饮产品研发与创新的意义

餐饮产品研发与创新是餐饮企业在激烈竞争中赖以生存和发展的命脉，它对企业产品发展方向、产品优势、开拓新市场、提高经济效益等方面起着决定性的作用。具体来说，餐饮产品研发与创新的意义如图1-22所示。

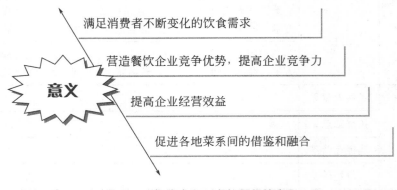

图1-22　餐饮产品研发与创新的意义

1.满足消费者不断变化的饮食需求

现代社会中，人们的物质文化和生活水平在不断提高，而且生活习惯、行为方式以及对待人生的态度较传统也发生了极大的转变，更多的人愈来愈重视社会饮食活动带来的便利、保健及精神享受等方面的功能。为此，对餐饮市场中所提供的菜点种类和质量的需求也在不断地变化着，期望餐饮市场中不仅能够出现更多更好的新菜点，同时还对新菜点的许多附加细节提出了更高的要求。

比如，人们不仅对菜点成品的色香味形更加挑剔，同时也更注重在饮食过程中合理搭配营养。

除此之外，还有人对菜点的口感、文化内涵甚至盛装菜点器皿的种类与造型都提出了一定的标准，因而在菜点产品广义范围内的各个环节上进行开发与创新，正好迎合满足了这些不断提高、不断变化的饮食需求，对于推动餐饮市场繁荣稳定地发展起到了重要的影响和作用。

2.营造餐饮企业竞争优势，提高企业竞争力

如今的餐饮市场竞争日益激烈，企业要想在激烈的竞争中立足生存、发展壮大，就必须营造自己的竞争优势，提高企业的竞争能力。树立企业竞争优势的途径有许多，餐饮产品研发就是其中之一。

通过求变求新，餐饮企业可以率先推出异于其他企业、具有自身独特风格的新菜点，并在一段时期内保持这种独特性和领先性。这样该企业就可凭借新菜点的独特性，在竞

争中获得一定的他人无法比拟的竞争优势，并在市场竞争中处于领先的地位。

3.提高企业经营效益

餐饮产品研发与创新能够树立餐饮企业菜点的独特性，这种独特性可以从几方面来帮助餐饮企业提高经济效益。

首先，"物以稀为贵"，当市场中对某种菜点的需求大于供给时，菜点价格会高于市场平均价格。一家餐饮企业在市场上推出一种新的菜点后，在其他企业还未来得及模仿之时，该餐饮企业可凭借这种菜点的稀有性制定稍高的产品价格，以便在该项菜点上获取较多的价值回报，对应的企业会因该产品的高利润回报率而取得较高的经济效益。

其次，当一家餐饮企业凭借一种新的菜点区别于他家企业时，这种新菜点的独特性会吸引更多的消费者到店就餐，从而带动店内其他种类餐饮产品和服务的销售，实现更多的餐饮产品价值，这样同样会提高企业的总体经营效益。

4.促进各地菜系间的借鉴和融合

餐饮产品研发与创新不仅包括菜点的独创和改进，还包括菜点的引进和改良，即对其他菜系以及其他国度的菜点引进并加以改良，使之成为本企业或本地区市场内的新菜点。这种引进改良的创新方式不仅对于餐饮企业本身有益，同时还能加强不同地区餐饮市场中企业之间的交流，不同地区市场中的菜点可以在风味、口感、造型、工艺流程及加工技术等方面互相借鉴，以促进各地菜系产品间的融合。

三、餐饮产品研发与创新的基本条件

餐饮产品研发与创新不是一种轻而易举就可达到目标的活动，企业不能不顾实际中的市场情况、资金技术实力等，而只考虑新菜点本身。闭门造车开发出的新菜点可能不受市场欢迎，而不考虑自身条件地开发新品，则有可能会造成新菜点还未推向市场就因实力不足而令创新计划夭折。由此可见，餐饮产品研发与创新活动必须具备充足的条件，具体如图1-23所示。

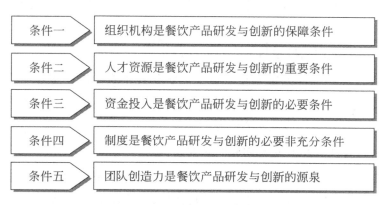

条件一	组织机构是餐饮产品研发与创新的保障条件
条件二	人才资源是餐饮产品研发与创新的重要条件
条件三	资金投入是餐饮产品研发与创新的必要条件
条件四	制度是餐饮产品研发与创新的必要非充分条件
条件五	团队创造力是餐饮产品研发与创新的源泉

图1-23 餐饮产品研发与创新的基本条件

1.组织机构是餐饮产品研发与创新的保障条件

目前餐饮企业内部应用最广的新菜点研发组织形式主要有下列三种。

（1）设立临时的新菜点研发组织。主要见于许多中小企业中，由于其规模较小以及人力资源和其他资源有限，或者因为平时的新菜点研发过程极少，没有设置专门的新菜点研发组织。在这类企业中，偶尔需要进行新菜点研发时，则由最高领导人员指导和组织新菜点研发职能，并临时组建一个委员会或小组来处理日常事务。

小提示：

　　这是一种花费最少、集中度最大的结构形式，也是企业新菜点研发工作较少时所采用的最恰当的结构。

（2）设立专门的新菜点研发委员会。如果企业规模较大或新菜点开发任务较重时，就需要设置专门的研发组织了。新菜点委员会是其中一种常见的形式，通过新菜点委员会来指导和协调企业的新菜点研发活动与过程，以使新菜点创新这种需要各部门配合、共同努力的活动得以顺利展开。

小提示：

　　这种组织形式特别适合企业高层和中层对创新活动进行管理。

（3）设立独立的新菜点研发部门。一些规模很大或开发任务很多的企业，为了便于对新菜点研发工作进行统筹管理，设立了专门的新菜点研发部门，如新菜点研发部、研究所、研发中心或研发基地。

小提示：

　　这种独立的专职部门权力集中、见解独立，有助于辅助企业最高管理者的决策。

2.人才资源是餐饮产品研发与创新的重要条件

企业在研发过程中人才的重要日益显著，研发人才的引进、使用与激励等是今后企业管理的重中之重，成功的公司通过创新与创造性在市场上赢得竞争优势，这些公司的创新不是偶然的，而是有效管理人力资源的结果。

3.资金投入是餐饮产品研发与创新的必要条件

餐饮企业餐饮产品研发能力的培育与提升，是建立在坚实的研发基础之上的。据有关资料显示，目前我国企业的研发投入在销售收入中的比重仅为1%左右，而世界500强企业一般达到5%～10%，我国当前约有40%的企业研发机构缺乏稳定的经费来源，这大大制约了企业自主创新能力的提升。

研发投入是一个企业良性成长和发展的根本保障。一个企业的研发实力如何，研发投入是一个硬指标。没有研发投入，产品设计、产品改进、产品升级都无从谈起。因此餐饮企业应不断加大资金投入，夯实菜点研发基础。

4.制度是餐饮产品研发与创新的必要非充分条件

创新菜点的产生和发展首先取决于研发者的创新动力，只有当研发者认为创新能为自己带来收益，自己的创新努力将得到合理补偿时，研发者才会有从事研发活动的积极性和动力。制度的一个主要功能之一是保护相关主体的自主领域，鼓励研发的制度安排将通过私有产权制度、专利制度、版权制度等形式，保护研发者在相关领域中的创新收益权。

小提示：

制度的增进预见性的功能，能使研发者对未来的创新收益形成合理预期，并进而指导其从事创新活动。

5.团队创造力是餐饮产品研发与创新的源泉

团队创造力是指团队成员在一定的任务环境下，相互之间通过团队内部的互动产生新颖、独特、具有社会价值的成果的整体特性和在创造性成果中的体现。

在餐饮产品研发与创新的过程和活动中，创造力是基础。特别是在新菜点开发流程中的模糊前端，是最发挥创造力、大量产生创意的阶段。当前市场上充斥着太多同质化的菜点，一个富有创造力的菜点，往往能开拓很大的市场。

更重要的是，在任何组织中，天才般的个体创造者毕竟凤毛麟角，而且由于新产品开发所涉及的知识相当广泛，许多时候新的想法和解决方案往往会来自于不同的领域，需要利用各种不同知识背景人员的创造力。如果能采取适当的管理思路和激励办法，促进团队成员间积极提出创意，充分地交流与沟通，可以发挥出"1+1＞2"的协同效应，产生崭新的产品思路和开发技巧。

四、菜品研发和创新的过程

创新菜肴的研发一般包括图1-24所示的几个阶段。

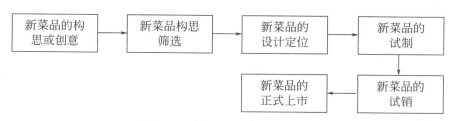

图1-24 菜品研发和创新的过程

1.新菜品的构思或创意

创新菜肴的研发工作是一个从搜集各种构思开始，并将这些建议、设想转变为市场上成功的新菜品为止的前后连续的过程。构思是餐饮产品的研发与创新过程的第一步，是企业根据市场需求情况和企业自身条件，充分考虑消费者的食用要求和竞争对手的动向等，有针对性地在一定范围内首次提出研发新菜品的设想。

构思实际上是寻求创意，构思的新意以及构思是否符合市场需求，是日后菜品开发能否顺利进行的重要环节。

（1）构思或创意的主要来源。构思或创意决不能凭空臆想，而应到实践中去做深入细致的调查研究，与各类相关人员进行信息交流，再通过构思者或创意者艰苦的脑力加工而成。具体来说，新菜品的设想主要来自于图1-25所示的几个方面。

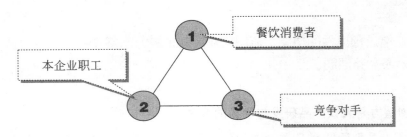

图1-25　新菜品构思或创意的主要来源

① 餐饮消费者。消费者是创新菜肴的直接食用者，创新菜肴的提供主要是为了满足消费需求。随着人们物质、精神文化和生活水平的不断提高，人们对于创新菜肴的需求也在日益变化，并且更注重营养的搭配与吸收及原料的鲜活程度。

通过消费需求途径，餐饮企业可以直接明了地掌握消费者对于创新菜肴在各个方面提出的新的要求，可以更加清楚地把握市场中餐饮供给的空白点或薄弱环节。在此基础上所寻求的创意构思及推出的新菜品更容易为市场上的消费者所接受，也更容易成功。

◇ 小提示：

调查显示，成功的新产品设想有60% ~ 80%来自用户的建议。

② 本企业职工。一方面，员工最了解餐饮企业提供的产品；另一方面，一线员工直接对宾客服务，是与宾客接触最多的人员，宾客的各种意见包括正面意见和反面意见都是直接向服务人员表达出来的，因此员工是除宾客自身以外对顾客需求了解最多的人员，自然也就是菜品开发创意较好的来源之一。

③ 竞争对手。在激烈的市场竞争中，各大餐饮企业为了获取竞争优势，势必会不断地根据市场需求对产品组合推陈出新，这些餐饮新品是在认真的市场调研基础之上推出并能够满足消费者需求的，是经过市场考验之后才在市场中立足的。

对此，餐饮企业可以通过监视竞争对手的举动和菜品，对其进行调查分析，汲取经验，获取一些有关市场需求或比较受欢迎的新菜品的信息，并在此基础上发现新的构思，重新调整企业自身创新菜肴种类及其组合。

小提示：

> 这一途径是餐饮产品的研发与创新过程中获取创意的主要途径，特别是在企业采用仿制策略、引进策略对菜品进行开发与创新时，竞争对手途径是企业菜品开发构思的主要来源。

（2）构思或寻求创意的主要方法。餐饮企业在菜品研发创新时可以采取图1-26所示的方法来构思或寻求创意。

排列法

将现有菜品按照其属性进行有序排列，便于快捷地寻找出 应改进属性的类型、要求与方法，并以此为基础形成新的菜品构思或创意

组合法

先列举出若干具有不同功能、特性、用途、款型、规格等菜品，通过将其中的两种或多种菜品进行排列组合，从中产生新菜品构思或创意

多元法

构成菜品的要素很多，该方法是把新菜品的重要因素抽象出来，然后对每一个具体特征进行分析，从中形成新菜品的构思或创意

专家法

围绕新菜品开发要求，组织由若干名有独特见解的专家、专业技术人员、发明家等聚集在一起进行相关专题讨论，在会前便向与会人员提出若干问题，给予他们以充足时间准备，通过专家及其有关人员提出的各自设想和建议进行综合归纳与分析，在此基础上形成新菜品的构思或创意

群辨法

这种方法是在广泛征集各类信息基础上经分析整理、辨明真伪、择优转化所形成的新菜品构思或创意

图1-26 构思或寻求创意的主要方法

图1-26中群辨法所涉及的征询人员除专家、发明家和专业技术人员以外，还通过调查问卷、召开座谈会等方式向消费者征求意见，询问各类专业人员看法，包括各类中间商、广告代理商、储运商等。在认真听取意见和建议基础上对各种信息进行综合、分类与归纳，经辨析后形成的新菜品构思或创意，比较能切合市场的实际需求。

2.新菜品构思筛选

构思筛选是新菜品研发组织从各种设想的方案中，根据新菜品开发的目标和所有实际开发能力进行挑选、择优的工作过程。经构思产生的新菜品设想和方案是大量的。取得足够创意构思之后，必须要对这些创意加以评估，研究其可行性，淘汰掉那些不可行或可行性较低的菜品构思，并挑选出可行性较高的构思，进行可行性决策。

（1）筛选阶段的两个层次。新构思产生之后，需要综合研究以下几个问题：这种新菜品是否有适当的市场？它的潜在需求量有多大？使用的原料是否受到季节的限制？烹饪设备是否齐全等。筛选阶段分两个层次，如图1-27所示。

层次一　要求做出迅速和正确的判断，判别新菜品构思是否符合企业的特点，权衡这项新菜品是否与单位的技术能力相适应，以剔除那些明显不合理和不可能的构思，保证资源不浪费。进行初步选择的目的是把有希望的方案和没希望的方案分开，避免在那些不成功的方案上花费人力和物力

层次二　要求进行更细致的审查，最终筛选是谨慎和关键的一步，因为被选中的方案就要用来进行新菜品的开发。因此必须严肃对待最后的选择

图1-27　构思筛选阶段的层次

（2）筛选要避免两种偏差。筛选是新菜品设想方案实现的第一关，筛选阶段的目的不是接受或拒绝这一设想，而是在于说明这一设想是否与企业目标的表述相一致，是否具有足够的实现性和合理性，以保证有必要进行可行性分析。餐饮企业进行新菜品筛选还要努力避免两种偏差，如图1-28所示。

不能把有开发前途的菜品设想放弃了，失去了成功的机会

不能把没有开发价值的菜品设想误选了，以致仓促生产，招致失败

图1-28　筛选要避免的两种偏差

3.新菜品的设计定位

一道新菜品的构想通过创造性筛选后，继续研究，使其进一步发展成菜品概念，然

后对菜品概念进行测试，了解消费者的反映，从中创造性地选择最佳的菜品概念。

在市场调查的基础上，餐饮企业才能界定出明确的菜品概念。恰当的菜品概念是菜品能否畅销、品牌能否建立的前提。就新菜品本身而言，竞争主要集中在其包含的特殊卖点上，没有独树一帜的特点，想杀出重围是很困难的。

菜品概念必须清晰体现出市场定位，既要体现出菜品在消费者心目中的认知层级，还要体现出菜品与竞争品牌之间的差异性，具体来讲包括图1-29所示的内容。

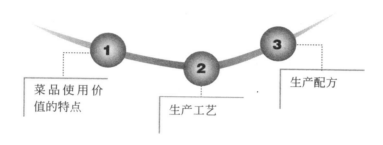

图1-29 菜品概念包括的内容

当市场定位有效转化为具体的菜品结构时，新菜品本身就将体现出消费者的价值需求。新菜品的设计定位，直接影响菜品的质量、功用、成本、效益等方面，进而影响餐饮企业菜品的竞争力。有关统计资料表明，产品的成功与否、质量好坏，60% ～ 70%取决于产品的设计工作。因而菜品设计在新菜品研发的程序中占有十分重要的地位。

4.新菜品的试制

新菜品设计定位完成后就可以进行菜品试制。所谓试制就是由厨师等技术人员根据构思采用新的原材料或烹饪方法，尝试着做在外观、口感等方面有所突破的新菜品。试制设计阶段是研发的主体阶段，是能否推出新菜品的关键时期，没有这一阶段，新菜品就不可能出现在市场中。

新菜品试制是为实现菜品供应的一种准备或实验性的工作，因而无论是烹饪原料、烹饪设施的准备，还是烹调工艺的组织、菜品的上桌服务，都要考虑实际操作的可能性。否则，新菜品试制出来了，也只能成为样品、展品，只会延误企业的开发。同时，新菜品试制也是对设计方案可行性的检验，一定要避免设计是一回事，而试制出来的菜品又是另一回事。不然就会与新菜品研发的目标背道而驰，导致最终的失败。

在试制过程中，要注意实现在菜品外形、口感和营养设计方面的突破，给消费者以全新的菜品形象，使其有一种全新的感官感受。

（1）外形设计。菜品外形的研发与创新要在市场调研的基础上，在菜品的形、配比、量、色等方面下功夫，根据菜品目标市场的要求，对菜品外形有所突破，确定最合适的外观形式，在菜品造型上吸引消费者。在这一过程中，要注意图1-30所示的两点。

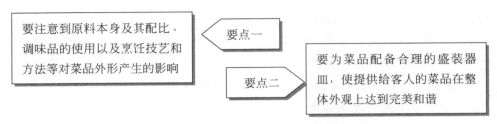

图1-30　菜品外形设计的注意要点

（2）口感设计。菜品口感的研发与创新依然是通过以上所提的各种途径，使消费者对菜品在嗅觉和味觉上有一种新的独特的感受。每一种菜肴新品都会有异于已有菜肴的风味和特色，体现在口感上的不同就是其中十分重要的一个方面，而且由于菜品的口感是吸引消费者的一个要点，因此在对菜肴新品进行研发时同样要特别关注口感方面的创新。

（3）营养设计。在研发新的菜肴或对已有菜品进行改良时，除了菜品外形及口感之外，菜肴营养质量的研发也不容忽略，即研发人员应充分运用有关质量参数指标（如营养卫生等），提高新研发菜品的质量。伴随着人们生活水平的不断提高，菜肴的营养含量及其构成日益成为消费者选择菜品时考虑的关键要素，也是菜品价值实现过程中的新卖点，在这方面有所突破的餐饮企业会受到一些对健康及营养较为关注的消费者的青睐。

在对菜肴营养进行研发时，研发人员应注意图1-31所示的两个要点。

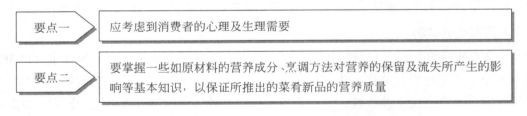

图1-31　菜肴营养设计的要点

5.新菜品的试销

新菜品试制成功以后，就需要投入市场，及时了解客人的反映。市场试销就是将开发出的新菜品投入某个餐厅进行销售，以观察菜品的市场反映，通过餐厅的试销得到反馈信息，供制作者参考、分析和不断完善。

赞扬固然可以增强管理者与制作者的信心，批评更能帮助制作者克服缺点。对就餐顾客的评价信息需进行收集整理，好的方面可加以保留；不好的方面再加以修改，以期达到更加完美的效果。

经过试销反映良好的菜品，就可以正式生产和投放市场。试销中情况不大令人满意的菜品，达不到预定的市场销售目标就要及时撤退，以免造成更大的损失。当然并不是所有新菜品都要经过试销阶段。国外有些企业为了减少新菜品的试销费用，避免试销泄露情报，以战胜竞争者，采取了加速新菜品开发、越过试销阶段的策略，把力量集中于菜品的概念试销和样品试验等阶段。

6.新菜品的正式上市

正式上市即将在试销阶段比较受顾客欢迎的菜肴产品正式列入企业菜单之中向外销售。创新菜肴上市后应加强跟踪管理，观察统计新菜品的销售情况，通过不同渠道搜集信息和资料，根据销售态势及反馈的信息，分析存在的问题，不断完善新菜品。此时企业亦开始为下一批新菜品的开发而筹划。

总之，创新菜肴的研发是由一系列的活动组成的一个完整的过程，餐饮企业一定要重视每一环节的不同作用，在各个环节的保障下，争取顺利完成菜品的研发创新活动。

 相关链接 ‹ ·······························

连锁餐饮企业做好产品的六个策略

1.产品定位要准确

连锁餐饮店的市场定位是企业存在的前提，它可以赢得消费者信赖并使他们成为企业的追随者。只有餐饮店的定位在消费者中形成信任感、信心和影响力时，企业的产品才能给消费者留下印象。

连锁餐饮店营销的最为重要的一步，是把哪一部分人群作为主要目标顾客。有了目标顾客定位，就能使餐饮店的产品或服务在内容、提供方式和基础设施三个方面，与目标市场上的竞争对手有所区别。

真功夫连锁快餐，在产品定位上就曾经做过大刀阔斧的改变。

自20世纪90年代开始，快餐业西风东渐，加速了快餐市场的竞争。西式快餐的兴起，使鸡翅、汉堡、薯条、可乐一时成为餐饮时尚。许多中式餐饮、路边摊、风味小吃部、杂货店、大小商超，都把炸鸡翅、汉堡作为了产品组合之一。真功夫也不例外，也引进了洋快餐品种如油炸鸡腿、鸡翅、可乐。

可是真功夫的定位是"蒸的营养专家"，这与油炸食品为主的西餐属性之间是互相排斥的。上市这些油炸食品，虽然短期内销量可观，但是作为一个心存高远的餐饮大品牌，不符合品类属性的做法会狠狠伤害"真功夫"品牌的长远发展，混淆品牌定位。

而"真功夫"的目标是成为中式快餐第一品牌，这一目标建立在"蒸的营养专家"这一战略性定位之上。以蒸为属性的中式快餐，容不得半点非营养西式元素，否则会大大破坏蒸的营养感，枉费了前期品牌建设花费的心血。

大舍即是大得。于是真功夫砍掉了油炸食品，强化了中式的、蒸的、营养的"真功夫"品牌定位，使品牌属性更为单纯。

光破不立还是没能完全解决问题，针对油炸鸡腿、鸡翅、可乐砍掉后留下的休闲时段的产品空白，仍然要填补。于是真功夫针对当地市场特征、基于品牌核心价值，开发了相对应的休闲食品，比如：冰糖葫芦、绿豆蒸糕、红薯丝（条）……

这样通过产品线的"一破一立"，真功夫快餐就大大强化了"蒸的营养专家"的中式快餐定位，使自己的特色更加鲜明。

2.产品特色要鲜明

大品牌是先让消费者记住品牌，然后慢慢熟悉特色；小品牌是先让消费者记住特色，然后慢慢记住品牌。

无论哪个行业，都需要拥有竞争者无法模仿的技术和独特的服务方式，才能让顾客盈门。要想在产品同质化的市场中成功，需要拥有自己鲜明的特色。

连锁餐饮企业要想让一种概念在消费者的印象中根深蒂固，就必须做到：第一，该产品一定对消费者有用而且很重要；第二，产品一定要具有独特性；第三，产品的种类一定要明确。

3.产品要有代表性

经常看到有些餐馆的招牌和菜单上写着经营川菜、粤菜、湘菜等各种菜式，顾客无从判断哪种菜式是这个餐馆最拿手的。因此连锁餐饮店要明确自己有代表性的产品，要推出有代表性的产品，使之成为自己的招牌菜和形象产品，借以吸引顾客。待代表性产品成功后，然后再进一步向其他产品扩展。

星巴克进入韩国之前，速溶咖啡几乎占领了整个咖啡市场。但是星巴克很清楚，这种咖啡的品质不高，所以决定在韩国推出优质、高品位的浓缩咖啡。星巴克最后正是以浓缩咖啡引领了韩国咖啡市场的新潮流。

4.产品开发要系列化

有了代表性产品，连锁餐饮企业只是有了形象产品，但这还不够，还需要拥有跑量的产品。跑量的产品就是根据餐饮店的产品定位而推出的系列化产品。在消费文化发达、个人消费的个性化越来越强的时代，不能再用陈腐的传统观念来看待问题了，故步自封只能意味着离成功越来越远。

星巴克在有了浓缩咖啡的代表性咖啡后并没有满足。他们发现，咖啡文化已经进入了按照个人口味享受咖啡的时代。现在的消费者都在寻找自己喜欢的、适合自己口味的、符合自己个性的咖啡。于是，星巴克开发出了系列化的咖啡产品，在星巴克点咖啡就像是在西餐馆点菜一样，有诸如拿铁咖啡、低咖啡因咖啡、低脂奶咖啡、添加奶油的咖啡等多种选择。

同时，星巴克不仅从口味上进行产品的系列化，还从规格上给顾客更多的选择。热咖啡有三种规格可以选择，冰咖啡则有两种规格，顾客还可以按照各自喜好选择是否添加伴侣、奶油、桂皮、糖等。

另外星巴克还开发季节性菜单。夏季推出冰咖啡，冬季则提供热饮。

这样星巴克就打造出了品种多样性的特色。产品的种类多能够充分满足消费者的个性化需求。

餐饮行业是一个受季节影响较大的行业，所以要抓住季节因素及时推出应季产品，商家应该时常更改产品项目或根据季节变化变换产品种类，并且提前做好淡季的准备工作，做到一年四季都有合适的各种产品。不仅如此，餐饮店还应推出"今日菜谱"，并且不断变换"今日菜谱"，通过"今日菜谱"介绍新产品，使消费者不断有新鲜感。

这里所说的"产品开发系列化"，并不是说产品品种越多越好，而是要"贵精不贵多"。

5.产品开发要常变常新

总去同一家餐厅吃饭，再好吃的东西也很容易吃腻。一种产品每天保持同样口味固然很重要，但在用创新的产品来维系老顾客的同时，吸引新顾客也同样很重要。

在竞争激烈的环境中，连锁餐饮企业要"不断推出自己的新东西"。只有常变常新，才是长久制胜之道，才是保持基业长青之道。

连锁餐饮企业要用新鲜的感觉使顾客成为长期而又忠诚的老顾客，可以采用不断开发出代表性产品、季节性产品、各种价位的产品或套餐等方法，来实现"以新服人"。

为了保持餐馆的新鲜度，不光是推出新产品一种方法，还有很多的方法可以创造新鲜感。

真功夫就提出"菜量饭量要刚好"的策略，因为中式餐饮如果吃得太饱，就会油腻，油腻之后对食物往往没有多少好感。只有让顾客吃到要饱又不太饱的程度，顾客就会对这个店的食物保持好感，下回还想来吃。

6.要有良好的服务定位

连锁餐饮店要掌握特定顾客的爱好，提供给他们喜爱的菜品，把眼光放在针对顾客的个性化服务上，才能拥有竞争力。

一个餐饮店不要指望吸引所有的顾客。

人各有所好，眼光也不尽相同。有些人重视设计，有些人重视产品的口味，也有些人重视的是价格。缩小目标顾客的范围，抓住本店的核心顾客，以这些顾客为中心制定服务理念，方为制胜之道。

星巴克并没有把所有喝咖啡的人都当成目标顾客，而是把愿意喝高档咖啡、非常重视自我的人、爱挑剔的美食家作为咖啡店的目标顾客群。这一部分人一旦发现适合自己的餐馆，不管多远都会去，并且会成为回头客。

而且餐饮店还应营造出一种良好的氛围。即使是同样的菜品，也会因为环境和对象的不同而感到迥异。尽可能为顾客营造一个感性、优美的氛围，这样他们会因为那个难忘而美丽的故事再次光临。

总之，连锁餐饮业的产品开发有两个关键，一个是要"新、奇、特"，也就是说要有自己的特色；另外一个就是要"常变常新"，产品开发要注重系列化，并能不断创新，"流水不腐，户枢不蠹"，只有不断保持新鲜感，不断刺激消费者的眼球，消费者才能始终倾向于你。

第二章
连锁餐饮运营

连锁经营、品牌战略将是提高餐饮企业竞争力的着力点，是未来餐饮业经营模式的主要发展方向。因此餐饮企业应该随趋势而变，让思维转变，这样才能在越来越激烈的市场竞争中立于不败之地。

第一节　中央厨房管理

据统计，在我国成规模的连锁餐饮企业中，74%已经自建中央厨房，这也表明中央厨房在连锁餐饮企业中所扮演的角色越来越重要，在品质、服务、清洁方面完全与国际标准全面接轨，并建立起后勤生产、烹制设备、餐厅操作三大标准运营体系。

一、中央厨房的定义

所谓中央厨房指由餐饮连锁企业建立的，具有独立场所及设施设备的工厂。其主要生产过程是将原料按照菜单制作成成品或者半成品，配送到各连锁经营店进行二次加热或者销售组合后销售给顾客，也可以直接加工成成品或销售组合后直接配送销售给顾客。

中央厨房有半成品加工和成品加工两种加工方式，如图2-1所示。

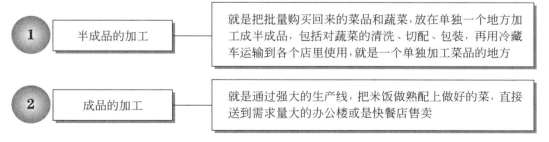

| 1 | 半成品的加工 | 就是把批量购买回来的菜品和蔬菜，放在单独一个地方加工成半成品，包括对蔬菜的清洗、切配、包装，再用冷藏车运输到各个店里使用，就是一个单独加工菜品的地方 |
| 2 | 成品的加工 | 就是通过强大的生产线，把米饭做熟配上做好的菜，直接送到需求量大的办公楼或是快餐店售卖 |

图2-1　中央厨房的加工方式

自建中央厨房的连锁餐企代表

1.呷哺呷哺

人气爆棚、客流量超大的呷哺店是怎么处理菜品的呢？为什么后厨一共才6个人，就能供应上每天上万人就餐呢？这背后的秘密就是呷哺自己有独立的中央厨房，呷哺的中央厨房设立在北京，并且52个店的菜品都是从这里出货。

首先由各个店厨师长提前计算出自己店的日需求出菜量，报告给中央厨房的管理人员；然后中央厨房的管理人员分配给工人，操作工人对菜品进行初步加工，比如清洗、切菜、包装等；最后再由冷藏车配送到各个分店去进行最后的加工，比较远的地方就用飞机运输，绝对保证了蔬菜的新鲜度和及时性。

现在很多连锁餐厅都是这么做的，集中在一个地方加工，很多工序可以用机器来做，节省了人力、物力和成本。当然所有的菜都是大批量定时采购的，既保证了新鲜度又优惠。

2.肯德基

肯德基通过中央厨房——单独食品加工的地方，把鸡翅、鸡排、鸡腿等都先加工成半成品，再运到各个店里做最后一道加工，然后就可以卖了，所以你看到肯德基厨房很干净，产品出来也很快，正是因为背后有庞大的中央厨房的支撑。

3.望湘园

望湘园在2008年就建立了自己的中央厨房。中央厨房有点像规模化生产的食品工厂，能集中完成食品成品或半成品加工制作，并直接配送至门店。目前他们在餐厅销售的熟制品有三分之一在中央厨房基本上已经加工好了，配送到门店后厨师们只要把1～2种中央厨房配好的调料包加入烹饪就行了。

4.丰收日

丰收日在2015年前就成立了自己的中央厨房，经过两次硬件改建，加工及仓储面积达6500多平方米，加工配送半成品达120多种，原料及物资类超300多种，全程冷链物流配送辐射上海、杭州、南京，市区内车程不超90分钟，跨省配送不超三小时便可送达。

丰收日建造中央厨房是为了提升效率，但为了不降低风味，不能把菜品数缩减得太厉害，只能一道一道菜分解，中央厨房内车间、设备、流程、品控的设置和研发、采购、物流与终端厨房是平行的，所有部门一同为菜品服务。始终坚持这个思维顺序，才是标准化的唯一出路。

比如，"红烧肉"是丰收日的招牌之一，每一块猪肉都由中央厨房挑选、分割，经3小时焖煮定型，冷却包装后配送至门店，终端厨房只需加热、装盘即可，标准化达95%以上。

二、中央厨房的优势

中央厨房在十年前还是一个新概念、新名词，但近几年，中央厨房在整体成本规划、系统管理、品质和安全控制方面得到了整个行业的基本肯定，已成为各连锁餐饮企业的发动机。具体来说，中央厨房具有图2-2所示的几个优势。

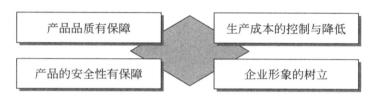

图2-2　中央厨房的优势

1.产品品质有保障

（1）原材料统一采购，质量可控。

（2）机械化加工+流水线生产，产品生产规格标准。

（3）产品配方的标准化、数据化，加工的工艺统一，确保了产品口味及质量的稳定。

2.产品的安全性有保障

（1）通过原辅料统一验收标准的制定和实施，严把产品质量源头。

（2）机械化、集中式的生产加工，减少产品污染环节。

（3）通过制定食品安全及操作安全的关键控制点，确保产品及员工的双安全。

（4）人员操作相对集中，便于专职品控人员的现场监督检查，便于及时发现问题，降低食品安全风险。

3.生产成本的控制与降低

（1）原辅料集中采购，大宗物品的采购在价格上有明显的优势。

（2）产品配方的标准化、机械化程度的提高，可减少技术人员的使用，建立"去厨师化，去技师化"的生产模式，大幅节省人工成本。

（3）机械化及人工智能设备的使用，可大幅提高产能，减少人员使用数量，降低人工成本。

（4）减少店面加工间的面积和人员操作步骤，能够增加店面的销售面积，同时也能让员工有更多的时间做更多的工作，真正做到"减员增效"。

4.企业形象的树立

（1）标准、统一、规范的产品及服务，能够在广大顾客心中树立企业的良好形象。

（2）产品规格的标准化、口味的统一化会让顾客对产品产生黏性，能够打造"经典味道，百年老店"。

（3）产品研发更新及生产加工调整反应迅速，能够更快地适应市场的变化。

（4）产品制作的标准化、规模化生产能够迅速且大规模地复制，为店面的扩张做好充分保障。

三、中央厨房的筹建

餐饮是高强度、密集型、重复型的行业，连锁从"1～1000"发展，员工越来越多，操作的步骤和流程越来越大，此时追求的是稳定压倒一切，承担标准化实施的中央厨房就是战略的需求。从现在的发展趋势来看，中央厨房化是未来必然趋势，中央厨房是推动餐饮企业连锁化、规模化、品牌化发展的有效经营模式，中央厨房的作用和价值已经得到行业的认可。

1.规划设计

中央厨房应按照功能进行严格分区，具体要求如下。

（1）对各个区域进行严格的温度分区。

（2）洁净区与污染区严格区分。

（3）加工车间洁净度保障体系的建立。设入货区、原料储存区、加工区、成品包装区、成品储存出货区，严格区分开。

建造中央厨房之前必须合理规划场地，有效利用场地，根据供应链需要建造场地，避免建造"无用"的场地从而增加企业的负担。在场地规划上需要留有多余的空间，随着餐饮行业的发展，中央厨房生产企业需要调整不同的战略，灵活面对各种状况，未来可能出现机械化的中央厨房代替现有的人工加工的中央厨房，可能根据市场需求和发展现状做相对应的场地调整，保证中央厨房能有拓展性以便面对将来的机遇。

> **小提示：**
>
> 中央厨房并不是设计出来的，是系统性、专业性策划出来的，不单单只是加工厂地建设，是需要合理规划、安排流程和管理运作的。

2.平面布局

中央厨房的平面布局应达到以下要求。

（1）应符合产品加工工艺，使人流、物流、气流、废弃物流顺畅。

（2）人员进入车间，进行一次、二次更衣，风淋，洗手，消毒，不可直接进入车间。

（3）操作人员直接到达各自的操作区域，避免清洁区与污染区人员动线相互交叉。

（4）避免污染物和非污染物的动线交叉。

（5）避免生、熟品之间的相互交叉。

（6）加大清洁区空气压力，防止污染区空气向清洁区倒流。

（7）气流从低温向高温区流动。

（8）严格按照工艺合理选择加工设备、物流设备、制冷设备。

（9）严格按照节能的原则并注重投资的合理性。

（10）注重环境卫生，防虫防鼠。

（11）长远规划，分步实施。

3. 成本估算

建设中央厨房是一笔不小的投资项目。

以建造一个1000平方米有生产以及储存功能的中央厨房来看，初步预算大概需要300万元左右，其中场地装修需要80万～100万元，加工设备的购买以及冷库配套建设需要150万元，其他费用接近50万元。

（1）设备投入。建造中央厨房对设备的要求非常高，市面上好的设备和差的设备价格相差高达三倍以上，好的设备能够保证企业生产食材高效率生产，使用寿命相对比较长久，对食材的处理也比较专业，运行保养费用上都有很大的优势。

（2）装修规划。在装修上面尽量选择较低成本的装修方式装修，无需花大量的金钱在装修上，中央厨房随着发展和产品结构更改都会出现调整或重造。

4. 筹建时机

建设中央厨房最好的时机要结合企业自身的综合实力水平和需求去建造。

如果企业底下有6家门店（餐厅）以上，以及年餐饮主营收入在3500万元以上，可以考虑建设中央厨房；2000万元以下的餐饮企业没必要规划建设功能完善的中央厨房。盲目跟风建设中央厨房只会损耗金钱和时间。

如果门店建设达到200～500平方米可以考虑建设小型加工厂，以满足集中加工配送的需求，通过小型加工厂将食材统一规范化，逐渐发展门店和加工厂规模，当企业规模达到建设需求时即可建造中央厨房。中央厨房根据企业自身需求发展建造并不是一蹴而就。若有经验丰富的运作团队，开拓市场、筹建市场、筹建中央厨房可以同步进行，若没有经验丰富的运作团队，则需要先拓展市场再待到时机成熟时筹建中央厨房。

相关生产中央厨房设备的企业给出以下建议。

（1）年营业额600万～1500万元之间，门店面积达到200～500平方米建议建设小型加工中心。

（2）年营业额1500万～2000万元之间可以考虑规划中央厨房。

（3）年营业额2000万～5000万元建设1000平方米的中央厨房。

（4）年营业额5000万元以上考虑建设3000平方米的中央厨房以及物流中心。

四、中央厨房的标准化管理

标准化就是将各个加工环节中的关键步骤进行数据化，让这些数据可见、可量、可描述。比如产品形状、重量、温度、时间、动作要求。具体来说，中央厨房的标准化管理包括图2-3所示几个方面的内容。

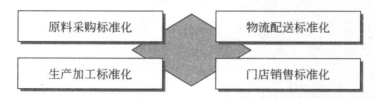

| 原料采购标准化 | 物流配送标准化 |
| 生产加工标准化 | 门店销售标准化 |

图2-3　中央厨房的标准化管理

1.原料采购标准化

对于食品安全问题，应从采购开始就严把质量关。具体来说，原料采购标准化可从以下几个方面来管控。

（1）原料验收标准的制定。

（2）采购原料品牌的把控。

（3）中央厨房与门店对产品质量的认定。

2.生产加工标准化

对于生产加工标准化，餐饮企业可以从以下几个方面来管控。

（1）采购、品控、生产原料验收检验标准的统一。

（2）产品加工规格标准。

（3）标准化的产品配方。

（4）标准的操作规范。

（5）成品包装规格标准。

（6）容器使用规范的标准。

比如，味千拉面的中央厨房按照7S（整理、整顿、清扫、清洁、素养、安全、节约）管理模式，所有食品的清洗、分类、分切、搅拌都有严格标准，半成品过程中的杀菌、检验、包装、进入冷库的流程脉络清晰，不同食品如何保鲜都有各自的标准体系，而且精准称量。对于一个110克的面板里面有多少根面条，大家都了然于心。

在中央厨房里，没有专业的大厨，所有员工都是来自一线。这种去厨师化的理念保证了从中央厨房出来的食品都是标准化的，保证了全国所有门店的100个菜品中，每一碗面条，每一份小料的分量、口味都是一模一样的。

从中央厨房运到各门店的拉面，煮面的时间均由电脑控制，盛放拉面的筷篓在规定时间后自动浮出水面，全面排除了人为失误的因素。而面条汤底则由在工厂统一熬制及浓缩的骨汤原液进行还原，厨师所要做的就是把面倒入碗中，以规定姿势盛入汤底，最后放入按比例调配好的配菜，整个过程只要3分钟。

3.物流配送标准化

对于物流配送标准化，餐饮企业可以从以下几个方面来管控。

（1）库内作业操作规范。

（2）产品打包配置。

（3）车辆容积。

（4）车辆装载量。

（5）温控产品车厢运输温度。

4.门店销售标准化

对于门店销售标准化，餐饮企业可以从以下几个方面来管控。

（1）中央厨房、门店商品验收标准。

（2）供、需方商品基础信息。

（3）产品使用标准。

（4）产品鲜度管理标准。

小提示：

产品标准化落地需三步走：即各类标准、制度、规范的制定；标准的严格执行；标准执行情况的现场监督检查。

五、中央厨房的智能化管理

智能化发展能使中央厨房进一步简化运作过程，降低加工成本，还能使成品在质量、口味上的统一性更为明显，满足标准化生产。

1.厨房设备的升级

餐饮企业可用主食生产线、全自动洗切流水线、自动分装流水线、智能化自动炒菜锅等自动化设备取代人工操作。目前还有餐饮企业引入了先进的烹饪机器人，它能在生产过程中有效控制油温，杜绝高温产生有害物质，且能够实现自动投料、自动翻炒，充分实现了高效烹饪、标准烹饪和科学烹饪。

2.用大数据监控生产过程

与此同时，餐饮企业还需要利用互联网智能技术对食品生产全过程实施大数据监控、解析和把关，提升食品品质的同时严防食品安全问题。

3.提升配送过程的智能化水平

除了生产，中央厨房的运作过程中还包括了食品配送。因此提升配送过程的智能化水平也是关键点之一。

中央厨房的食品配送主要分为两类，需要低温储存的食品采用冷藏箱式货车进行运输，熟食通过保温箱进行运输。运送过程中企业可以利用温控系统实时监测并反馈食品的储藏情况，并通过RFID、GPS、GPRS等信息技术对运输车辆进行定位监测，确保运输车辆管理的可追溯性。

4.提升食品检测的智能化水平

通过智能化食品安全检测设备对餐食进行检测，利用大数据库对检测数据进行记录，并帮助处理程序存储和显示关键的性能指标，集中整合监测力量，形成统一监管网络。

第二节　供应链优化管理

完善的餐饮供应链是以餐饮企业为核心，与原料供应商、物流服务商、消费者等节点组成的网状链。未来餐饮供应链的成熟度将是餐饮产业能否由分散走向集中，企业能否由量变走向质变的关键。

一、餐饮供应链的认知

1.供应链的概念

供应链是以客户需求为导向，以提高质量和效率为目标，以融合资源为手段，实现产品设计、采购、生产、销售、服务等全过程高效协同的组织形态。随着信息技术的发展，供应链已发展到与互联网、物联网深度融合的智慧供应链新阶段。

2.餐饮供应链的概念

餐饮供应链是餐饮行业的基础应用，是以提供餐饮店所需的各类食材为主要目的，经过原料采购、生产加工、配送、销售到回收处理等环节，以信息技术来协调和联结链条上各节点有关主体，融合所有节点物流、信息流、资金流的组织形态。

在激烈竞争下，餐饮业的快速发展、互联网的餐饮信息化升级必然会带来上下游供应链的整合和优化。

3.餐饮供应链的主要流程

餐饮企业运营流程多而复杂，包括采购流程、生产流程、物流配送流程、客户服务流程、客户信息管理流程、反馈流流程（信息流、资金流）等，如图2-4所示。这些流程正是构成餐饮供应链的主要流程。

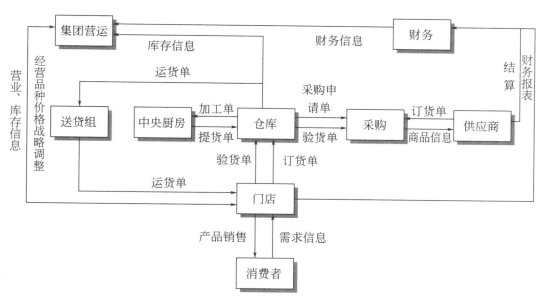

图2-4　餐饮企业运营流程

4.餐饮供应链一般模型

餐饮供应链中，原料生产者、供应商为餐饮企业提供食物原料，通过流通企业（配送中心）进行配送，餐饮企业进行产品的生产，并销售给消费者。如图2-5所示。

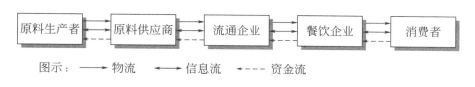

图示：—→ 物流　←— 信息流　←--- 资金流

图2-5　餐饮供应链一般模型

二、采购环节的优化

采购有四个管控核心，分别是货源、价格、计划、验收，如图2-6所示。

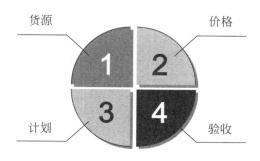

图2-6　采购的管控核心

1.采购货源的管控

采购货源的管控关键在于供货商的选型，而选型就涉及对供货商的评估，这就涉及供货商的管理体系，简单来说就是要有一个衡量供货商"行还是不行"的标准。

2.采购价格的管控

采购价格的管控关键在于定价的方式及价格的高低。对于采购的价格，应尽可能采用先定价方式，买卖双方召开供货商定价会议，坐下来谈好价格。同时也应该在会议前派出价格巡查员，对当地主流市场进行摸查，做到心中有数。对于系统中的历史采购价格，也应导出整理，作为谈判依据。

3.采购计划的管控

采购计划的管控是被很多餐饮企业一直忽略的问题。很多餐饮企业采购的随意性很大，基本上是看一眼仓库，然后出去就买东西了。如此随意的采购行为，会带来图2-7所示的两个不良后果。

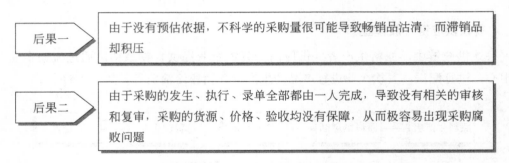

图2-7　随意采购行为带来的后果

4.采购验收的管控

采购验收的管控关乎来货质量，进而关乎原料出成率，对成本造成重大影响，因此是采购环节中的关键，采购的验收一定要坚持"开袋、上秤、三方验收"。如图2-8所示。

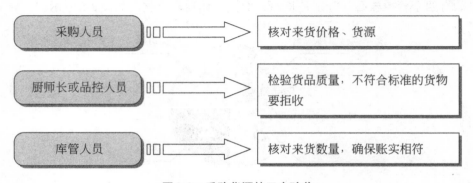

图2-8　采购货源的三方验收

通过这三层审批，三个角色各尽其责，采购验收环节就得以管控起来。

小提示：

餐饮企业可以使用智能电子秤，上秤验收的同时在秤上即完成入库条码打印、入库单生成的工作，避免在系统上二次录入带来的工作量及可能发生的错误。

三、仓储环节的优化

供应链中的一切问题，最终都会体现在库存数据上，由此可见库存管理的重要性。对于餐饮企业来说，仓储管理的重点可以归纳为图2-9所示的两点。

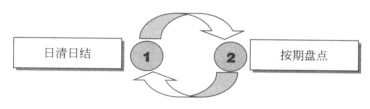

| 日清日结 | 1 | 2 | 按期盘点 |

图2-9 仓储管理的重点

1.日清日结

日清日结表示当日单据要当日录入完毕并审核确保正确，以保证当日的出库存台账与实际货物发生的出入库"账实相符"，这正是日清日结要做到的。

事实证明，80%以上的毛利问题其实与真正的损耗无关，而是因为账目混乱造成的统计错误。也正是因为账目混乱，才导致其中隐藏着大量管理漏洞，进一步导致了"纵容犯罪"。

2.按期盘点

按期盘点表示要对货物有明确的盘点周期，并且到达周期后要按照规定严格进行盘点。

一般来说，快餐门店应每日盘点，正餐门店应十日盘点，中央厨房应进行月末大盘，这是最为理想的管理方式，因为一旦拉长盘点周期，会导致其中不可控因素的增加。然而很多餐饮企业，尤其是中餐门店，难以做到高频度盘点，那么我们可以建议酒水进行日盘、重点原料周盘、月末进行大盘。

四、生产环节的优化

餐饮企业虽然名为服务业，但天然带有工业特征，因为任何菜都是"做"出来的，加工过程的客观存在，是餐饮业与流通业最本质的区别。餐饮的生产管理需要找到最为落地有效的方法，既不能太正规，也不能不正规，拿捏分寸很重要，具体来说如图2-10所示。

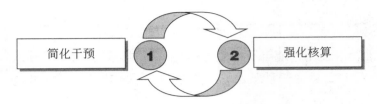

图2-10　生产环节的管控要点

1.简化干预

简化干预指的是对于可管可不管的环节，尽可能减少管理。餐饮企业不能为了管而管，不是越精细化就越好，找到最适合自己的精细化程度才是最佳选择。

比如，天财商龙云供应链中，对于存在"半成品"却又没有办法精细管理"半成品"的餐饮企业，提供了"按BOM盘点"的功能，可以由系统自动将在制半成品反推回原材料，强化了核算的同时简化了半成品管理流程。

2.强化核算

强化核算这一点对于餐饮企业是非常重要的。比如，和合谷已经将"双厨房"理论化，所谓"双厨房"就是中央厨房与门店厨房。那么这里面就包含了两个生产的配方，一个是中央厨房的BOM，一个是门店的成本卡。中央厨房的生产又分为"拆分净料加工"与"组合加工"。

（1）拆分净料加工又称为粗加工。餐饮企业中凡是择挑、洗净、泡发、切配、分割、缓化、预煮等，都是适合用拆分净料进行管理的。拆分净料关注的是母材的出成率与子料的产出率，这是考察母材质量、工作质量的重要指标。

（2）腌制、炒制等由多种原料组合为成品，则更关注理论投料量与实际投料量的对比值，即生产分差率，这是考察在生产过程中原料利用率及标准化程度的重要指标。

五、配送环节的优化

连锁餐饮企业门店货品常见的配送模式有图2-11所示的四种。

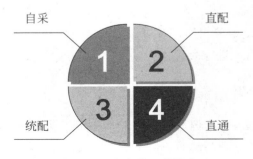

图2-11　常见的配送模式

1. 自采

门店不通过配送中心，直接从供货商买东西。自采对于餐饮单店来说，是非常常见的采购模式，甚至是唯一的采购模式。但对于连锁餐饮企业来说，自采越多表示标准化程度越低，总部在物流管控中所起的作用就越低。这种模式在正餐酒楼中采用的比例相对较高。在快餐与简餐业态的连锁企业，应该尽可能减少门店的自采，增加总部的统一配送，以保证货品来源的可靠性与管理的标准化，以便让开店模式复制的风险降到最低。

2. 直配

门店从配送中心订货，配送中心不做处理，直接将单子转发给供货商，供货商直接给门店送货，这个场景虽然和配送中心有关系，但配送中心对于货物既不加价，也不提供物流，只是把单子过一下。这是一种"授权"的自采，相对于普通自采来说，总部虽然并不统一配送，却对于门店的供货商有管理权力，可以通过系统数据监管门店的货物来源。

3. 统配

门店从配送中心订货，配送中心从自己的仓库里发货给门店，这是连锁餐饮企业最简单、最标准的配送方式。如果配送中心在统配过程中以明码标价方式加入合理利润，那么统配在某种程度上就是配送中心的销售行为，这更加符合配送中心与门店分别以独立法人身份进行独立核算的运作模式，在"营改增"政策下，这是非常合适的一种方式。因此统配程度的高低，代表了一个连锁餐饮企业标准化水平的高低。尤其对于快餐和简餐业态的连锁企业，应该尽可能提高统配的占比。

4. 直通

门店从配送中心订货，配送中心不做处理，直接将单子转发给供货商，供货商直接给门店送货，这个场景与直配非常类似，虽然配送中心不管送货，但配送中心却需要加利润，俗称"扒皮"。直通本质上仍然是一种"统配"，因为从财务角度来说，只要配送中心加了利润，就必须在账上走一下配送中心的入库和出库，相当于配送中心先进货，再发货，这就与统配没有区别了。但由于实际物流中，供货商是直接送货到门店的，所以直通是"只过账，不过货"，用直配的方式完成了统配的销售。

六、门店环节的优化

门店是餐饮企业的销售终端，在连锁餐饮企业诞生之前，所谓的餐饮企业其实就是指门店本身。而在供给侧改革政策下，餐饮企业在追求轻资产运营的过程中，再一次回归门店本质。当采购、生产、物流均可以进行三方外包时，餐企经营者就应该将更多精力集中在自己所擅长的门店运营领域，让门店多赚钱、控成本。对于门店管理来说，应该关注图2-12所示的三个核心。

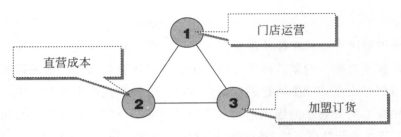

图2-12　门店管理的核心

1.门店运营

门店运营的核心在"开源"。进行细分，又包含客流结构与菜品结构两方面。

（1）客流结构。通过妥善的会员营销手段，拉高客流量，提升会员转化率，增强消费黏性和顾客忠诚度，不断提升企业的营业额。

（2）通过对菜品成本及盈利能力的分析，对菜品进行结构性调整，缩减菜单，提高高毛利菜的销量，淘汰赔钱菜。

2.直营成本

直营成本的核心在"节流"。每一家店都是一个独立法人实体，对于每家店本身的采购、仓储、销售都应有一套独立的体系。因此连锁餐饮企业应加强直营门店的成本管控。

3.加盟订货

加盟订货的核心在"监管"。加盟店是目前连锁餐饮企业非常重要的组成部分，同时它们也是餐饮企业中的一个特殊群体。总部对于加盟店来说，更多处在监管防控的层面上，主要监管防控加盟店的串货跑单问题。因为加盟店从总部订货，不仅是总部利润来源的重要保障，同时也是维持品牌口味统一性的重要保障。所以对于加盟店来说，串货跑单行为往往都是连锁总部所不能容忍的。对于这方面的监管，最重要的就是以数据说话，找到问题门店，挖掘证据，有针对性地排查。

　相关链接

新餐饮时代下的供应链管理

随着国家对食品健康的监管加强，餐饮行业对食品安全越加重视，消费升级和市场规模不断扩大，带来了新机遇，同时餐饮企业对物流供应链更加依赖，但是物流追溯难、信息系统薄弱等问题却成为进一步发展的桎梏。

1.面临的问题

有数据显示，从田间地头到消费者的餐桌，生鲜产品的流通需要经历50多个环

节，这个过程让蔬菜商品的损耗居高不下，其中城市冷链配送环节尤其关键。生鲜食材作为餐饮业的核心，自然会受此波及。所以食材品类和物流环节多，就会导致物流追溯难、断链问题时有发生，加之跨地区服务标准机制不一，冷链城配配送未协同，都是餐饮业面临的共同问题。

对大多数连锁餐饮企业来说，在此方面的建设也不完善，供应链信息系统薄弱，尤其是中央厨房和供应链环节的信息系统也是一大问题。

2. 应对的措施

随着消费升级、消费者品质要求变高，对连锁餐饮企业的挑战更大，所以在市场风云中及时紧跟潮流、把握方向非常重要。

据悉，真功夫、小南国、海底捞、西贝、新辣道、金百万等多家连锁餐企注重全程可追溯，将眼光投向冷链物流服务市场，冷链物流基础设施、公共信息平台等社会冷链资源日渐丰富；传统中央厨房正在转型，专业化、工厂化特点突出，中央厨房共享化成为新潮流；末端物流的共享共配模式兴起。此外大数据、信息系统的应用也成了关注的热点。

基于此，新餐饮成了一个趋势热词。

3. 大数据助力供应链升级

有专家指出，我们即将步入新餐饮时代，新餐饮的特点是在保障食材品质安全的前提下，基于互联网、移动互联网的应用，并在大数据、物联网等技术赋能下，实现快速、高效的信息匹配，在这个过程中信息透明、万物互联，从而将订单低成本、高效率地送达目的地。

在这个过程中，就必须要借助技术的力量，拥抱互联网，注重大数据的挖掘。

随着消费升级和市场规模扩大，连锁餐饮企业的冷链物流体系进入了升级发展阶段，在现阶段，更合理、更优化的冷链物流模式正在涌现，冷链物流体系逐步优化。加之供给侧改革和消费升级营造了良好的发展空间，食品加工、物流运输等基础建设不断完善，AI，大数据、物联网等技术赋能，餐饮行业将焕发新活力，新业态不断涌现，餐饮新物流时代即将到来。

第三节　企业培训管理

连锁品牌要保障门店的快速稳定扩张，在技术培训这个环节就必须严格要求。品牌对于连锁餐饮的重要性不言而喻，如果员工失职造成顾客的不满意、门店产品失去稳定性、服务态度不好给顾客留下差的印象，这些都会关联到连锁品牌的整体品牌口碑和形象。

一、培训机构的设立

连锁餐饮企业可以在总部设立教育培训部、培训中心，各连锁店设立培训室来做好企业的培训工作。

1.教育培训部

连锁总部的教育培训部负责培训活动的计划和控制，包括培训需求分析、设立培训目标、建立培训档案等，具体职责如下。

（1）培训制度的拟定及修改。

（2）培训计划的拟定。

（3）向培训中心下达培训计划。

（4）建立连锁餐饮企业培训工作档案，包括培训时间、培训方式、培训师、受训对象、培训人数、培训内容、学习情况等。

（5）建立连锁店员工培训档案。将各连锁店员工接受培训的具体情况和培训结果详细记录备案，包括培训时间、培训地点、培训内容、培训目的、培训效果自我评价、培训者对受训者的培训评语等。

2.培训中心

培训中心主要负责培训计划的执行与培训活动的具体实施。具体职责如下。

（1）培训实施方案的拟定。

（2）各项培训计划费用预算的拟定。

（3）各项培训课程的拟定。

（4）聘请培训师。

（5）培训课程的举办。

（6）部分培训教材的编撰与修改。

（7）培训实施情况的督导、追踪与考核。

（8）培训评估的组织。

（9）培训相关档案的整理与上报。

3.各连锁店培训室

各连锁店培训室负责协助总部教育培训部进行培训的实施、评价，同时也要组织内部的培训。具体职责如下。

（1）培训需求与计划的呈报。

（2）配合总部教育培训部组织相关培训的实施、评价与测验。

（3）专业培训规范制定及修改，培训师人选的推荐。

（4）连锁店内部专业培训课程的举办及成果汇报。

（5）专业培训教材的编撰与修改。

（6）受训员工完训后的督导与追踪，以确保培训成果。

二、培训内容的制定

连锁餐饮企业的培训内容主要包括经营意识和理念的培训、岗位知识与技能的培训、管理制度和服务规范的培训以及人员素质的培训，如图2-13所示。

内容一　经营意识和理念的培训

不断实施餐饮企业文化、价值观、经营理念的培训，建立起餐饮企业与连锁店员工之间的相互信任关系

内容二　岗位知识与技能的培训

不断实施在岗员工专业和相关专业的知识、岗位职责、操作规程和专业技能的培训，使员工具备完成本职工作所必需的基本知识，掌握、运用并不断提高岗位技能，并保证餐饮企业产品质量的标准化与稳定性

内容三　管理制度和服务规范的培训

不断实施餐饮企业内部管理制度及服务规范的培训，保证各连锁店在管理模式及服务标准上的规范性与一致性

内容四　人员素质的培训

不断实施心理学、人际关系学、社会学等方面的培训，满足员工自我实现的需要

图2-13　培训内容

三、培训阶段的划分

连锁餐饮企业的培训一般分为连锁店开业前的培训和连锁店经营过程中的培训两个阶段。

1.连锁店开业前培训

连锁店开业前培训包括表2-1所示的两个部分。

表 2-1　连锁店开业前培训

序号	培训对象	具体说明
1	对潜在加盟商的培训	该项培训主要为评估连锁经营加盟者的潜力而设。培训的内容可包括公司的企业文化与经营哲学、对餐厅经营的描述、有关连锁经营提供的产品与服务的实际操作经验等。该项培训可以设在公司总部进行
2	对托管特许外派人员的培训	该项培训主要是指连锁总部在向托管特许连锁店派驻人员之前对其进行托管模式、经营管理、专业技能、制度规范等方面的培训，使外派人员能够迅速有效地在连锁店开展工作，保障连锁店运营管理工作的顺利进行

2.连锁店经营过程中的培训

连锁店经营过程中的培训主要是指总部在连锁店运营的过程中对连锁店所有员工进行的培训，具体可分为初期开业培训、经营期间连续性培训和经营期间短期培训。具体如表2-2所示。

表 2-2　连锁店经营过程中的培训

序号	培训阶段	具体说明
1	初期开业现场培训	该项培训主要在连锁餐厅开业期间为其提供协助而设。培训的内容可以包括指导管理人员进行经营管理、岗位技能培训、管理制度与服务规范的宣灌、解决技术问题等
2	经营期间连续性培训	该项培训主要指在连锁店经营业务期间，连锁经营总部针对连锁店经营过程中产生的问题进行经营管理、岗位技能、管理制度等方面的培训
3	经营期间短期培训	该项培训是指连锁总部应根据市场、业务、技术的发展变化随时为连锁企业人员举办相应的短期培训，使连锁企业人员及时掌握新的技术，推动连锁经营业务的发展

四、潜在加盟商培训

1.培训的流程

连锁餐饮企业在开业前对潜在供应商的培训流程如图2-14所示。

2.培训计划的制订

（1）教育培训部根据加盟开发部提供的潜在加盟商信息发放《潜在加盟商培训需求调查表》（表2-3），加盟开发部结合各潜在加盟商的实际情况汇总，组织潜在加盟商填写该表并报至教育培训部。

（2）教育培训部根据加盟开发部上报的《潜在加盟商培训需求调查表》制订潜在加盟商开业前集中培训计划并下达给培训中心，培训中心根据培训计划制定实施方案，具体包括组织培训的部门及负责人、培训的目标和内容、培训的对象、培训师、培训的形式和方法；制订培训计划表、培训经费的预算等。

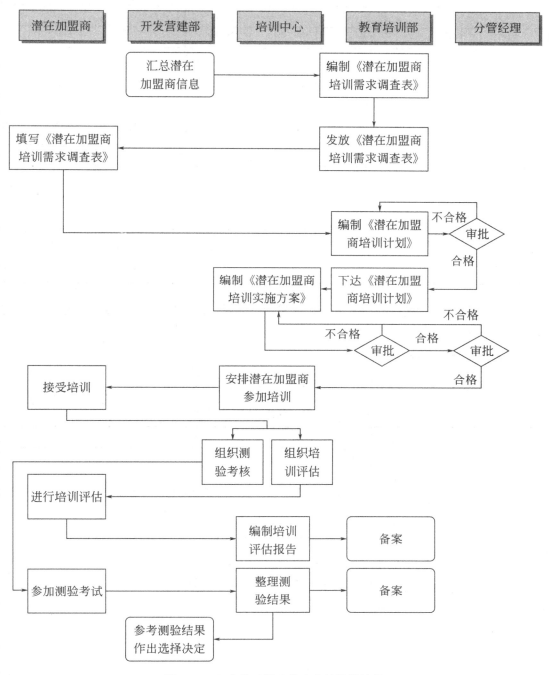

图2-14 开业前对潜在供应商的培训流程

表 2-3　潜在加盟商培训需求调查表

日期：____年____日

姓名		性别	
学历		联系方式	
工作经历：			
培训理由：			
个人培训需求：			
培训项目	培训形式		培训时间
注：培训形式指教育授课、幻灯片演示、录像片演示、研讨会等			
其他：			

（3）实施方案经教育培训部及公司主管领导同意和批准后，以餐饮企业连锁总部文件的形式下发到相关部门。

3.培训内容的设定

开业前对潜在加盟商集中培训的内容主要如表2-4所示。

表 2-4　开业前集中培训的内容

序号	培训内容	具体说明
1	餐饮企业的企业文化与经营理念	（1）餐饮企业简史 （2）餐饮企业章程 （3）餐饮企业CI宣言，包括企业精神、企业宗旨、企业目标、经营方针、企业作风等 （4）餐饮企业标识系统
2	餐饮企业连锁经营的管理模式	（1）餐饮企业经营描述 （2）餐饮企业的经营模式，包括模式的设计原则、模式描述、模式结构图、股份公司的组织结构与部门职责等 （3）餐饮企业连锁经营加盟商指南
3	相关法律与规定的培训	（1）商标法 （2）产品质量法 （3）消费者权益保护法 （4）广告法 （5）反不正当竞争法 （6）食品卫生法 （7）特许经营管理条例等

续表

序号	培训内容	具体说明
4	餐饮业经营管理模式的培训	（1）餐饮业基本知识，包括餐饮服务的起源、商业性与非商业性的餐饮服务企业、餐饮服务设施的类型与餐饮服务业的未来等 （2）餐饮企业的组织结构 （3）餐饮业市场营销管理 （4）餐饮服务经营中的营养问题 （5）菜单管理 （6）标准食品成本与定价策略 （7）食品制作的准备，包括采购、验收、储存、发放等 （8）食品制作管理 （9）餐饮服务的管理 （10）卫生与安全管理 （11）硬件的设计、布局和设备管理 （12）财务管理

4.培训的组织实施

（1）培训中心应根据培训实施方案按期实施并负责该项培训的全盘事宜，如培训场地安排、教材分发、通知培训师及受训的潜在加盟商。

（2）各项培训课程实施时，参加培训的潜在加盟商应签到，培训中心对各潜在加盟商的出席状况进行备案，建立《潜在加盟商开业前集中培训记录表》（表2-5）并上交教育培训部备案。

（3）各项培训结束时，根据情况举行测验或考核。测验或考核可由培训中心或培训师负责主持，测验或考核题目由培训师于开课前送交培训中心准备。培训测验或考核的结果将列入最终连锁加盟者的选择参考。

表2-5 潜在加盟商开业前集中培训记录表

No.

培训项目				
学　　时		培训教师		
培训时间	年　月　日			
培训地点		培训人数		
缺席人员名单				
学习内容				
考核方式	□理论考试　　□绩效评估　　□操作技能　　□其他			
评估结论	时间：			
培训签到表				

5.培训后的评估与反馈

培训结束后，培训中心负责组织培训结束后的评估工作，以判断培训是否取得预期培训效果，并形成书面报告上报教育培训部备案。

（1）评估对象包括培训师和培训组织者。

（2）评估形式可以采取调查表的形式。每项培训结束时，培训中心应视实际需要组织受训的潜在加盟商填写《培训工作评价表》（表2-6）并汇总意见。

表2-6　培训工作评价表

日期：＿＿＿年＿＿＿月＿＿＿日

培训项目						
培训师			培训方式			
对老师的评价	老师敬业程度	□优	□好		□尚可	□劣
	讲授水平	□优	□好		□尚可	□劣
	讲授方式	□十分生动	□生动		□一般	□不生动
	联系实际	□密切联系	□有些联系		□无联系	
	老师对员工的要求	□非常严格	□严格		□不严格	
对教材的评价	教材适用性	□适用	□基本适用		□不适用	
	教材难度	□较难	□适中		□较简单	
	教材逻辑性	□合理	□适中		□不合理	
对培训组织者的评价	培训内容	□优	□好		□尚可	□劣
	培训方式	□优	□好		□尚可	□劣
	培训时间	□太长	□适合		□不足	
	培训设施	□优	□好		□尚可	□劣
	培训收获	□较大	□一般		□较少	□无
	建议：					

五、托管特许外派人员培训

1.培训的流程

托管特许外派人员培训流程如图2-15所示。

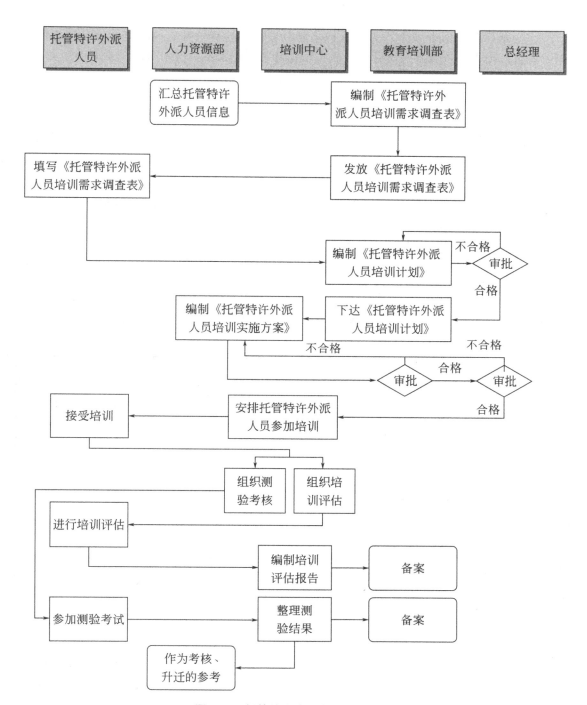

图2-15 托管特许外派人员培训流程

其中，托管特许外派人员的来源主要有以下两类。

（1）社会招聘人员。人力资源部根据招聘的相关规定和托管特许的业务情况从社会外聘人才，办理入职手续后由教育培训部组织对其进行必要的培训。

（2）餐饮企业内部储备人员。餐饮企业内部根据托管特许业务开展的需要选拔储备相关人员，由人力资源部负责管理，教育培训部将根据实际情况对其组织必要的培训。

2.培训计划的制订

（1）教育培训部根据餐饮企业人力资源部提供的托管特许外派人员信息发放《托管特许外派人员培训需求调查表》（表2-7），人力资源部结合各连锁店的实际情况汇总后填写该表并报至教育培训部。

（2）教育培训部根据人力资源部上报的《托管特许外派人员培训需求调查表》制订托管特许外派人员培训计划并下达给培训中心，培训中心根据培训计划制定具体的培训实施方案，具体包括组织培训的部门负责人、培训的目标和内容、培训的对象、培训师、培训的形式和方法；制订培训计划表、培训经费的预算等。

（3）实施方案经教育培训部及公司主管领导同意和批准后，以餐饮企业连锁总部文件的形式下发到各相关部门与连锁店。

表 2-7　托管特许外派人员培训需求调查表

日期：_____年___月___日

姓名		性别	
年龄		学历	
备选类别		联系方式	
工作经历：			
培训理由：			
个人培训需求：			
培训项目	培训形式		培训时间
注：培训形式指教室授课、幻灯片演示、录像片演示、研讨会等			
其他：			

3.培训内容的设定

托管特许外派人员培训的主要内容如表2-8所示。

表 2-8　托管特许外派人员培训的主要内容

培训内容	培训对象	具体内容
餐饮企业的企业文化与经营理念	全体托管特许外派人员	（1）本餐饮企业简史 （2）餐饮企业章程 （3）餐饮企业CI宣言（包括企业精神、企业宗旨、企业目标、经营方针、企业作风等） （4）餐饮企业标识系统
托管特许模式的培训	全体托管特许外派人员	（1）托管特许经营模式描述 （2）餐饮企业托管特许经营模式，包括模式的设计原则、模式描述、模式结构图、特许总部及连锁店组织结构与部门职责等
相关的法律法规	全体托管特许外派人员	（1）《商标法》 （2）《产品质量法》 （3）《消费者权益保护法》 （4）《广告法》 （5）《反不正当竞争法》 （6）《食品卫生法》 （7）《特许经营管理条例》等
餐厅的经营管理	备选的连锁店总经理	（1）餐饮业基本知识，包括餐饮服务的起源、商业性与非商业性的餐饮服务企业、餐饮服务设施的类型与餐饮服务业的未来等 （2）餐饮企业的组织结构 （3）餐饮业市场营销管理 （4）菜单管理 （5）标准食品成本与定价策略等
技术规范的培训	备选的连锁店厨师长	（1）厨师工作的各项规章制度 （2）常用餐厅工具及设备知识 （3）烹饪原料的鉴别与保藏 （4）原料的初加工处理 （5）切配技术 （6）不同菜肴的制作技术 （7）菜品创新的方法与技术 （8）厨房菜品成本控制与核算 （9）安全生产知识及应急预案 （10）《中华人民共和国食品卫生法》与《餐饮业食品卫生管理办法》等
专业知识的培训	备选的连锁店财务管理人员、营销管理人员、餐厅经理等	（1）针对财务管理人员的培训内容可包括：餐饮行业财务管理、餐饮企业托管特许财务管理手册等 （2）针对营销管理人员的培训内容可包括：餐饮业市场营销管理、餐饮企业制定的促销管理手册等 （3）针对餐厅经理的培训内容可包括：餐饮服务的管理、餐饮企业制定的连锁店服务手册等

4.培训的组织实施

（1）教育培训部根据人力资源部汇总的托管特许外派人员基本情况编制并发放《托管特许外派人员培训需求调查表》，人力资源部组织托管特许外派人员填写并报至教育培训部。

（2）教育培训部根据托管特许外派人员填报的《托管特许外派人员培训需求调查表》制订托管特许的培训计划并下达给培训中心，培训中心根据培训计划制定具体的培训实施方案，具体包括组织培训的部门负责人、培训的目标和内容、培训的对象、培训师、培训的形式和方法；制订培训计划表、培训经费的预算等。

（3）实施方案经教育培训部及公司主管领导同意和批准后组织实施。

（4）培训中心根据培训实施计划按期实施并负责该项培训的全盘事宜，如培训场地安排、教材分发、通知培训师及受训连锁店相关人员。

（5）各项培训课程实施时，参加培训人员应签到，培训中心对员工上课、出席状况进行备案、考核，建立托管特许个人培训档案并上报教育培训部备案。

（6）培训结束后，由培训中心组织对培训师及培训组织者的评估工作，以判断培训是否取得预期培训效果，并形成书面报告上报教育培训部备案。

（7）评估对象包括培训师和培训组织者。

5.培训后的评估与反馈

评估可以采取调查表的形式，每项培训结束时，培训中心应视实际需要组织受训的托管特许人员填写《培训工作评价表》并汇总意见，上报教育培训部备案。

结束托管特许培训的人员或者由人力资源部直接外派至连锁店工作，或者由人力资源部管理，作为未来外派人员的储备。

六、初期开业现场培训

1.培训的流程

初期开业现场的培训流程如图2-16所示。

2.培训计划的制订

（1）教育培训部根据连锁企业管理部提供的连锁店开业信息发放《初期开业现场培训需求调查表》（表2-9），连锁企业管理部结合各连锁店的实际情况汇总，组织各连锁店员工填写该表并报至教育培训部。

（2）教育培训部根据连锁企业管理部上报的《初期开业现场培训需求调查表》制订连锁店初期开业现场培训计划并下达给培训中心，培训中心根据培训计划制定具体的培训实施方案，具体包括组织培训的部门负责人、培训的目标和内容、培训的对象、培训师、培训的形式和方法；制订培训计划表、培训经费的预算表（表2-10）等。

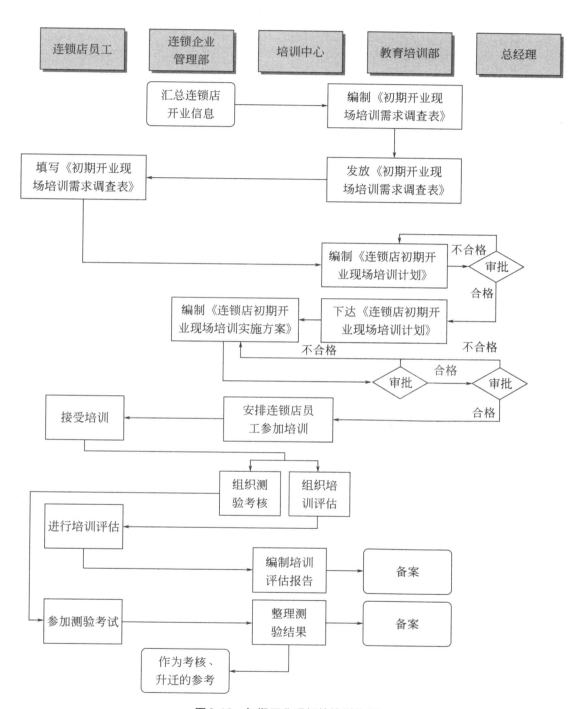

图2-16 初期开业现场的培训流程

表 2-9　初期开业现场培训需求调查表

日期：＿＿＿＿＿年＿＿＿月＿＿＿日

员工姓名		性别	
年龄		学历	
所属连锁店		部门	
职务		联系方式	
工作经历：			
培训理由：			
个人培训需求：			
培训项目	培训形式		培训时间
注：培训形式指教室授课、幻灯片演示、录像片演示、研讨会等			
其他：			

表 2-10　培训经费预算表

课程名称：　　　　　　　　　　　　　　　　　　＿＿＿年＿＿＿月＿＿＿日

单位	参加人员	培训科目	时数	讲课费	总计	盖（签）章
财务管理部			教育培训部		分管经理	

（3）实施方案经教育培训部及公司主管领导同意和批准后，以餐饮企业连锁总部文件的形式下发到各相关部门与连锁店。

3.培训内容的设定

初期开业现场培训主要包括表2-11的内容。

表 2-11　初期开业现场培训的内容

培训内容	培训对象	培训课程
连锁店经营管理理论与实务的培训	各连锁店的总经理、副总经理	（1）连锁店发展规划的制定 （2）部门与岗位的设置 （3）人力资源管理 （4）营销管理 （5）财务管理 （6）设备维护
服务规范的培训	各连锁店餐厅服务人员	（1）餐饮服务的管理 （2）餐饮企业连锁店服务礼仪、流程、标准、规范 （3）处理投诉的技巧
技术规范的培训	各连锁店餐厅热菜厨师、冷荤厨师、面点厨师等技术人员	（1）厨师工作的各项规章制度 （2）常用餐厅工具及设备知识 （3）烹饪原料的鉴别与保藏 （4）原料的初加工处理 （5）切配技术 （6）不同菜肴的制作技术 （7）菜品创新的方法与技术 （8）厨房菜品成本控制与核算 （9）安全生产知识及应急预案 （10）《中华人民共和国食品安全法》与餐饮业食品卫生管理办法等
相关制度的培训	各连锁店全体员工	（1）企业人事管理制度 （2）企业行政管理制度 （3）企业财务管理制度等

说明：
（1）服务、技术规范培训主要采取现场操作指导的形式。
（2）管理理论与实务及相关制度的培训可采取教室授课、幻灯片展示、研讨会的形式。

4.培训的组织实施

（1）培训中心应根据培训实施方案按期实施并负责该项培训的全盘事宜，如培训场地安排、教材分发、通知培训师及受训连锁店相关人员。

（2）各项培训课程实施时，参加培训人员应签到，培训中心对员工上课、出席状况进行备案、考核，建立连锁经营个人培训档案，并上报教育培训部备案。

（3）受训人员应准时出席，因故不能参加者应提前办理请假手续。

（4）各项培训结束时，根据情况举行测验或考核。测验或考核可由培训中心或培训师负责主持，测验或考核题目由培训师于开课前送交培训中心准备。各项培训测验或考核缺席者，事后一律补考，补考不列席者，一律以零分计算。培训测验或考核成绩成果报告，列入考核及升迁参考。每项培训结束后一周内，培训师应将员工的成绩评定出来，登记在"员工培训考核成绩表"（表2-12），连同试卷送培训中心，培训中心经过整理汇总后上报教育培训部备案以完善连锁经营个人培训档案。

（5）培训中心也可要求受训人员写出《培训课程心得报告》（表2-13），总结在思想、知识、技能、作风上的进步，与培训成绩一起放进连锁经营个人培训档案并上报教育培训部备案。

（6）各连锁店应编制《初期开业现场培训实施结果报告》，经由连锁企业管理部转送教育培训部，以反馈该部门近阶段员工培训实施情况。

表 2-12　员工培训考核成绩表

日期：＿＿＿年＿＿＿月＿＿＿日

员工姓名		培训方式	
培训项目			
考核项目		培训前	培训后
能力			
态度			
培训师评价：			
培训组织者评价：			

表2-13 培训课程心得报告

姓名：_____ 单位：_____ 职务：_____ ___年___月___日

项目	心得内容
一	个人启示：
二	课程学习感想：
三	可马上应用于工作上的内容：
四	综合总结：
五	对本次课程建议：

5.培训后的评估与反馈

培训结束后，培训中心负责组织培训结束后的评估工作，以判断培训是否取得预期培训效果，并形成书面报告上报教育培训部。

（1）评估对象包括培训师和培训组织者。

（2）评估形式可以采取调查表的形式。每项培训结束时，培训中心应视实际需要组织受训员工填写《培训工作评价表》并汇总员工意见。

七、经营期间连续性培训

1.培训的流程

经营期间连续性培训的流程如图2-17所示。

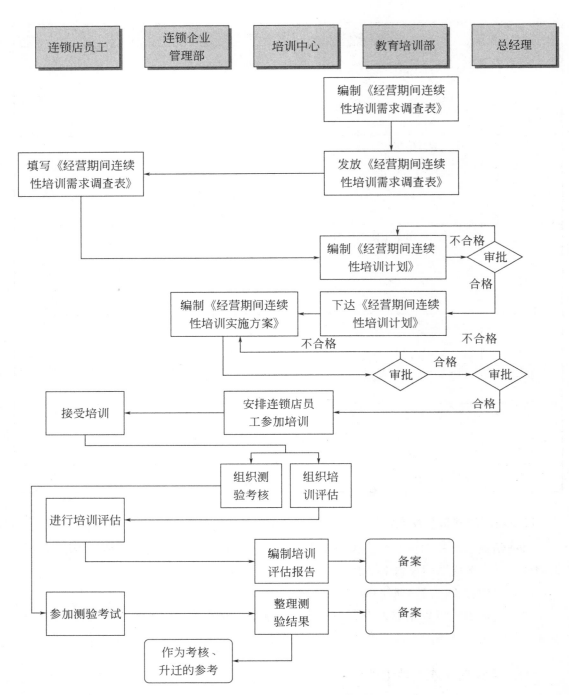

图2-17 经营期间连续性培训流程

2.培训计划的制订

（1）教育培训部每月向企业管理部发放《连锁店经营期间连续性培训需求调查表》（表2-14），连锁企业管理部结合正在运营的各连锁店的实际情况进行汇总，组织各连锁店员工填写该表并报至教育培训部。

（2）教育培训部根据连锁企业管理部上报的《连锁店经营期间连续性培训需求调查表》制订连锁店经营期间连续性培训计划并下达给培训中心，培训中心根据培训计划编制具体的培训实施方案，具体包括组织培训的部门负责人、培训的目标和内容、培训的对象、培训师、培训的形式和方法；制订培训计划表、培训经费的预算等。实施方案经教育培训部及公司主管领导同意和批准后，以餐饮企业连锁总部文件的形式下发到各相关部门与连锁店。

表 2-14 连锁店经营期间连续性培训需求调查表

日期：_____年____月____日

员工姓名		性别	
年龄		学历	
所属连锁店		部门	
职务		联系方式	
工作职责：			
工作中遇到的问题：			
培训理由：			
个人培训需求：			
培训项目	培训形式		培训时间
注：培训形式指教室授课、幻灯片演示、录像片演示、研讨会等			
其他：			

3.培训内容的设定

连锁店经营期间连续性培训的内容如表2-15所示。

表 2-15　连锁店经营期间连续性培训的内容

培训内容	培训对象	培训课程
问题导向的连锁店经营管理理论与实务的培训	各连锁店总经理、副总经理	主要是根据连锁店在经营过程中出现的有关经营管理方面的问题进行培训，如连锁店发展规划的制定实施、部门与岗位的运行，在人力资源管理、营销管理、财务管理、设备维护及前台餐厅后厨的营运管理等方面产生的问题等
问题导向的服务规范的培训	各连锁店餐厅服务人员	主要是连锁店的服务人员在营业过程中遇到的问题的解决方法与技巧、注意事项
问题导向的技术规范的培训	各连锁店餐厅技术人员	连锁店的技术人员在营业过程中遇到的问题的解决方法与技巧、注意事项

说明：

（1）服务、技术规范培训主要采取现场操作指导的形式。

（2）管理理论与实务及相关制度的培训可采取教室授课、幻灯片展示、研讨会的形式。

4.培训的组织实施

（1）培训中心应依据培训实施计划按期实施并负责该项培训的全盘事宜，如培训场地安排、教材分发、通知培训师及受训连锁店相关人员。

（2）各项培训课程实施时，参加培训人员应签到，培训中心对员工上课、出席状况进行备案、考核，建立连锁经营个人培训档案并上报教育培训部备案。受训人员应准时出席，因故不能参加者应提前办理请假手续。

（3）各项培训结束时，根据情况举行测验或考核。测验或考核可由培训中心或培训师负责主持，测验或考核题目由培训师于开课前送交培训中心准备。各项培训测验或考核缺席者，事后一律补考，补考不列席者，一律以零分计算。培训测验或考核成绩成果报告，列入考核及升迁参考。

（4）每项培训结束后一周内，培训师应将员工的成绩评定出来，登记在"培训考核成绩表"，连同试卷送培训中心，培训中心经过整理汇总后上报教育培训部备案以完善连锁经营个人培训档案。

（5）培训中心也可要求受训人员写出《培训课程心得报告》，总结在思想、知识、技能、作风上的进步，与培训成绩一起放进连锁经营个人培训档案并上交教育培训部备案。

（6）各连锁店应编制《连锁店经营期间连续性培训实施结果报告》（表2-16）经由连锁企业管理部转送教育培训部，以反馈该部门近阶段员工培训实施情况。

表2-16　连锁店经营期间连续性培训实施结果报告

部门			负责人		填表日期		
培训项目1	参加人数		培训日期			培训人	
	组训人		考核人				
	培训主题						
	完成情况						
	培训效果						
培训项目2	参加人数		培训日期			培训人	
	组训人		考核人				
	培训主题						
	完成情况						
	培训效果						
副总经理意见					人力资源部意见		
总经理意见							

5.培训后的评估与反馈

培训结束后，培训中心负责组织培训结束后的评估工作，以判断培训是否取得预期培训效果，并形成书面报告上报教育培训部。

评估对象包括培训师和培训组织者，评估形式可以采取调查表的形式。每项培训结束时，培训中心应视实际需要组织受训员工填写《培训工作评价表》并汇总员工意见。

八、经营期间短期培训

1.培训的流程

经营期间短期培训流程如图2-18所示。

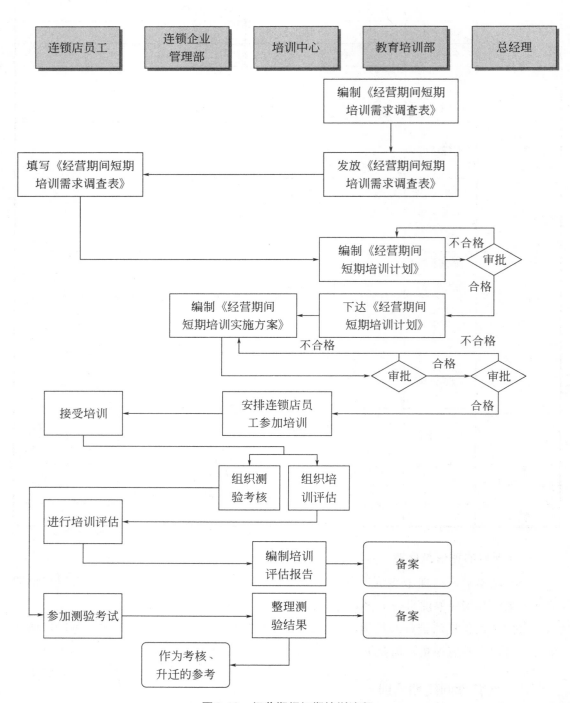

图 2-18　经营期间短期培训流程

2.培训计划的制订

（1）教育培训部向连锁企业管理部发放《连锁店经营期间短期培训需求调查表》（表2-17），连锁企业管理部结合正在运营的各连锁店的实际情况进行汇总，组织各连锁店员工填写该表并报至教育培训部。

（2）教育培训部根据连锁企业管理部上报的《连锁店经营期间短期培训需求调查表》制订连锁店经营期间短期培训计划并下达给培训中心。

（3）培训中心根据培训计划编制具体的培训实施方案，具体包括组织培训的主办部门负责人、培训的目标和内容、培训的对象、培训师、培训的形式和方法；制订培训计划表、培训经费的预算等。

（4）实施方案经教育培训部及公司主管领导同意和批准后，以餐饮企业连锁总部文件的形式下发到各相关部门与连锁店。

表 2-17 连锁店经营期间短期培训需求调查表

日期：_____年___月___日

员工姓名		性别	
年龄		学历	
所属连锁店		部门	
职务		联系方式	
工作职责：			
培训理由：			
个人培训需求：			
培训项目	培训形式		培训时间
注：培训形式指教室授课、幻灯片演示、录像片演示、研讨会等			
其他：			

3.培训内容的设定

连锁店经营期间短期培训的内容主要包括以下方面。

（1）最新的连锁经营理论与成功案例。培训对象为连锁店的所有员工。

（2）最新的相关法规与政策。培训对象为连锁店的所有员工。

（3）人员素质的培训，包括管理者的素质、人际关系学、心理学等。培训对象为连锁店的所有员工。

4.培训形式的安排

培训的形式主要可采取教室授课、研讨会等形式。培训地点可以选择在连锁店或连锁总部的培训中心。

5.培训的组织实施

（1）培训中心应依据培训实施计划按期实施并负责该项培训的全盘事宜，如培训场地安排、教材分发、通知培训师及受训连锁店相关人员。

（2）各项培训课程实施时，参加培训人员应签到，培训中心对员工上课、出席状况进行备案、考核，建立连锁经营个人培训档案并上报教育培训部备案。

（3）受训人员应准时出席，因故不能参加者应提前办理请假手续。

（4）各项培训结束时，根据情况举行测验或考核。测验或考核可由培训中心或培训师负责主持，测验或考核题目由培训师于开课前送交培训中心准备。

（5）各项培训测验或考核缺席者，事后一律补考，补考不列席者，一律以零分计算。培训测验或考核成绩成果报告，列入考核及升迁参考。

（6）每项培训结束后一周内，培训师应将员工的成绩评定出来，登记在"培训考核成绩表"，连同试卷送培训中心，培训中心经过整理汇总后上报教育培训部备案以完善连锁经营个人培训档案。

（7）培训中心也可要求受训人员写出《培训课程心得报告》，总结在思想、知识、技能、作风上的进步，与培训成绩一起放进连锁经营个人培训档案并上报教育培训部备案。

6.培训后的评估与反馈

培训结束后，培训中心负责组织培训结束后的评估工作，以判断培训是否取得预期培训效果，并形成书面报告上报教育培训部。

评估对象包括培训师和培训组织者，评估形式可以采取调查表的形式。每项培训结束时，培训中心应视实际需要组织受训员工填写《培训工作评价表》并汇总员工意见。

第四节　外派人员管理

连锁餐饮企业主要通过规模扩张以实现其规模经济效用，而外派人员在其连锁扩张进程中起到了不可估量的作用。外派人员管理好坏，将关系到子公司能否有效运营和健康和谐发展的关键所在。

一、外派人员的职责与权利

外派人员的岗位包括连锁店总经理、前厅经理、总厨师长、会计。

1.连锁店总经理

连锁店总经理主要负责连锁店前厅、后厨、公关营销、行政后勤的全面经营管理活动，并进行监督、检查和指导。

具体包括以下方面。

（1）制订连锁店的经营和发展计划。

（2）审批连锁店各项规章制度和工作规范。

（3）审核连锁店的财务预算并进行预算执行过程中的控制。

（4）定期召开部门工作会议，听取部门经理的工作汇报，指导解决连锁店日常经营中出现的问题。

（5）协调连锁店各部门之间的关系，及时解决运行中出现的沟通问题。

（6）定期向总部汇报相关工作的完成与运行状况，及时向下属传达总部的指示。

（7）组织连锁店的员工培训工作，定期对下属进行绩效考核，并提出奖惩建议。

（8）总部交代的其他工作。

2.前厅经理

前厅经理主要负责连锁店前厅部的运转与管理，完善和提高各项服务工作，确保提高优良服务和优质产品。

具体包括以下内容。

（1）拟定前厅部经营计划与预算，带领前厅部全体员工积极完成并超额完成前厅部经营指标。

（2）拟定并不断修改完善前厅部各项工作制度、服务标准和程序，并指导实施。

（3）巡视、督导前厅部工作人员的日常工作、服务质量，保证高质量的服务水平。

（4）检查前厅部员工仪表仪容和执行规章制度的情况。

（5）督导下属对所辖范围内的设施设备进行维护保养。

（6）严格控制前厅部各项收支，做好成本控制工作。

（7）协助组织前厅员工的培训工作，定期对下属进行绩效考核，并提出奖惩建议。

（8）做好前厅部员工的内部协调工作及前厅部与其他部门的沟通工作，尤其是前厅部与厨房部之间的关系，以确保工作效率，减少不必要的差错。

（9）完成上级领导交付的其他任务。

3.总厨师长

总厨师长主要负责连锁店后厨部的组织、指挥和运转管理工作，并进行食品成本的控制，以创造最佳的社会效益和经济效益。

具体包括以下内容。

（1）拟定厨房部工作计划和各项规章制度，并辅导实施。

（2）组织和指挥厨房工作，监督食品制备，按规定的成本生产优质产品。

（3）负责菜单的筹划和更新工作，不断更新和丰富菜品。

（4）负责菜点出品质量的检查控制工作，亲自烹制高规格及重要宾客的菜肴。

（5）定期总结分析厨房运行状况，改进生产工艺，准确控制成本，不断提高厨房的生产质量和经济效益。

（6）定期召开厨房工作会议，听取各厨房领班的工作汇报，及时处理运行中出现的问题。

（7）巡视各岗位出勤、班次安排和工作职责的执行情况。

（8）检查厨房用具及设备设施的清洁、安全及完全情况，指导厨房人员对设备用具进行科学管理。

（9）检查厨房食品及其环境的清洁卫生状况。

（10）配合总部研发部门进行新菜品的开发工作。

（11）协助组织厨房部员工的培训工作，定期对下属进行绩效考核，并提出奖惩建议。

（12）做好厨房部员工的内部协调工作及厨房部与其他部门的沟通工作，根据各厨师的业务能力和技术专长，决定各岗位的人员安排和工作调动。

（13）完成上级领导交付的其他任务。

4.会计

会计主要负责连锁店的会计核算和财务管理工作。

具体包括以下内容。

（1）拟定连锁店的财务会计制度并监督执行。

（2）组织连锁店的财务预算工作。

（3）负责连锁店日常的会计核算工作。

（4）负责连锁店的资金管理、成本费用管理等财务管理工作。

（5）编制财务报表。

（6）进行财务分析，为连锁店经理提供经营管理的决策依据。

5.外派人员的权利

（1）外派人员有权利要求总部提供技术上的支持。

（2）外派人员有权利要求总部提供经营管理上的建议。

（3）外派人员有权利申请参加必要的培训。

（4）外派人员有权利要求总部传达解释相关的制度规范及最新的信息。

二、外派人员的人选管理

外派人员的人选可通过外部招聘，也可通过内部选拔。

1.外部招聘

外派人员的外部招聘根据其岗位和级别的不同采取相应的招聘渠道组合。具体招聘渠道如图2-19所示。

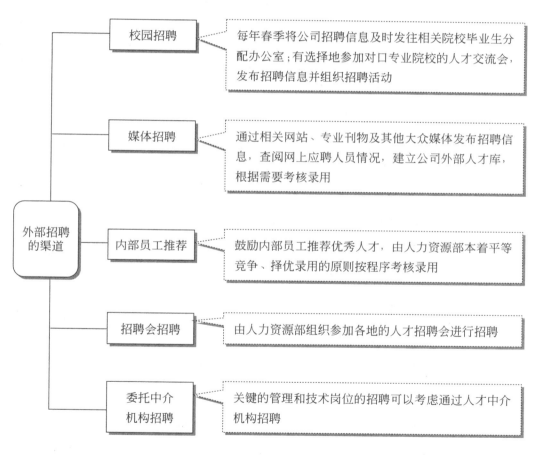

校园招聘	每年春季将公司招聘信息及时发往相关院校毕业生分配办公室；有选择地参加对口专业院校的人才交流会，发布招聘信息并组织招聘活动
媒体招聘	通过相关网站、专业刊物及其他大众媒体发布招聘信息，查阅网上应聘人员情况，建立公司外部人才库，根据需要考核录用
内部员工推荐	鼓励内部员工推荐优秀人才，由人力资源部本着平等竞争、择优录用的原则按程序考核录用
招聘会招聘	由人力资源部组织参加各地的人才招聘会进行招聘
委托中介机构招聘	关键的管理和技术岗位的招聘可以考虑通过人才中介机构招聘

（外部招聘的渠道）

图2-19 外部招聘的渠道

2.内部选拔

外派人员也可以采用内部选拔的方式产生。选拔程序如图2-20所示。

步骤一　机构设立

除设立外派人员选拔委员会外，还设立外派人员选拔工作组。外派人员选拔工作组由人力资源部相关人员组成

步骤二　发布信息

外派人员选拔工作组通过公司文件向全公司发布外派人员选拔信息。规定申请人应具备的资格和上报资料的内容、时间及地点。同时应公布外派人员选拔的日程安排

步骤三　报名

全公司员工均可依据各外派岗位的资格要求和自身情况，向外派人员选拔工作组索取申请表格报名，并提供所要求的资料

步骤四　审查

外派人员选拔工作组在收取报名资料截止日后的两个工作日内完成对报名人的资格审查，确定答辩人员名单

步骤五　通知

外派人员选拔工作组通知通过审查的人员参加答辩 前的问卷测试，并在答辩前一周通知参加答辩。通知内容包括答辩人员分组情况、答辩的时间、地点及其他相关事项

步骤六　答辩

外派人员选拔工作组组织答辩。答辩过程为：申请人自述、考官提问和观众提问等。外派人员选拔委员会成员填写答辩评分表，外派人员选拔工作组依据答辩评分表填写答辩结果呈报表

步骤七　上报答辩结果

外派人员选拔工作组将答辩结果上报外派人员选拔委员会，委员会讨论决定人选

步骤八　聘任、公布结果

总经理签署文件做出新的聘任决定。外派人员选拔工作组通过内部网、内部报刊、橱窗等媒体公告聘任结果

步骤九　办理有关调动手续

接到聘任通知后，相关人员应在一周内完成工作交接，其中离任人员应主动按要求办理交接手续。人力资源部负责办理相关调动手续

图2-20　外派人员的选拔程序

三、外派人员的派出管理

外派人员经过并通过培训后，人力资源部视实际情况进行管理。

（1）如果暂时没有外派的机会，则由人力资源部管理。

（2）如果存在外派的机会，由连锁企业管理部提出申请，人力资源部整理相关人员资料上报总经理审批后向各连锁店外派人员，外派人员外派至连锁店后转由连锁企业管理部进行管理。

四、外派人员的考核管理

1.考核目的

（1）通过客观评价外派人员的工作绩效、工作能力和态度，帮助外派人员提升自身工作水平，从而有利于各连锁店整体绩效水平的提高。

（2）通过考核充分发挥外派人员工作的积极性与创造性。

（3）通过考核规范外派人员的作业流程，提升连锁店的经营管理水平。

2.考核周期

对外派人员的考核可分为季度考核和年度考核。其中季度考核于下一季度初第一个月的1～15日内完成，年度考核于次年元月16～30日完成。

3.考核维度

考核维度包括表2-18所示的三个方面。

表 2-18　考核维度

序号	考核维度	具体说明
1	绩效	具体可包括任务绩效、管理绩效和周边绩效。任务绩效主要体现各外派人员本职工作的完成情况，标准可参照连锁总部为各外派岗位设立的岗位任务绩效指标
2	能力	指被考核人完成各项专业性活动所具备的特殊能力和岗位所需要的素质能力。能力维度可分为素质能力和知识能力。其中素质能力包括人际交往能力、领导能力、沟通能力、判断与决策能力、计划与执行能力等
3	态度	指被考核人对待工作的态度。具体可包括积极性、纪律性、责任心和协作度等

五、外派人员的回任管理

外派人员因合同到期、个人提出离任申请及未通过连锁总部考核等原因调回总部，由人力资源部进行管理，即外派人员的回任管理。

1.合同到期的外派人员

（1）对于合同到期的外派人员，人力资源部可组织其填写就职意向表：继续担任外派职务或申请到其他部门工作，并上报总经理审批。

（2）人力资源部根据总经理的审批意见进行外派或安排其至相应的部门就职。

（3）如果暂时没有机会，则由人力资源部继续进行管理，负责其日常的管理，包括继续培训及外出学习等。

2.外派人员因个人原因提出离职申请

（1）对于因个人原因提出离职并得到批准的外派人员，人力资源部可组织其填写意向表：申请其他外派岗位、其他部门或请假，并上报总经理审批。

（2）人力资源部根据总经理的审批意见进行外派、安排其至相应的部门就职或办理请假手续。

（3）如果暂时没有机会，则由人力资源部继续进行管理，负责其日常的管理，包括继续培训及外出学习等。

3.未通过总部考核而调回的外派人员

（1）对于因未通过总部考核而调回的外派人员，人力资源部可组织其填写意向表：申请其他外派岗位或其他部门，并连同其考核资料一同上交总经理进行审批。

（2）人力资源部根据总经理的审批意见进行外派、安排其至相应的部门就职或办理开除手续。

（3）如果暂时没有机会，则由人力资源部继续进行管理，负责其日常的管理，包括继续培训及外出学习等。

第五节　成本控制管理

面对更加激烈的市场竞争，连锁餐饮企业必须根据自身的经营特点有针对性地进行成本控制，有效地强化成本管理，从而形成自己的竞争优势。

一、成本控制的意义

具体来说，加强成本控制对餐饮企业具有图2-21所示的意义。

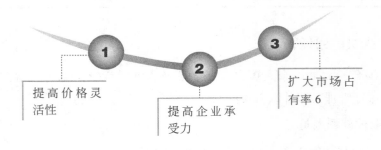

图2-21　成本控制的意义

1.提高价格灵活性

餐饮企业有效控制成本可面对其他企业的各项竞争而采取对应的防御措施，积极地应对竞争对手的价格战争，从而获得在市场上的占有率。当企业具有在价格制定上的灵活性时，一方面可以积极地应对其他企业的价格战争，另一方面又可以向对手发起竞争。在餐饮成本上所具有的优势必然给企业带来价格制定上的灵活性。

2.提高企业承受力

市场瞬息万变，而餐饮市场更是倾向于买方市场，完全具有不可确定性。当餐饮企业面对原材料的价格上涨时，低成本可以使企业承受原材料上涨所带来的压力增大，即使在竞争中也可以积极地通过自身内部的成本控制使其克服来自企业外部对企业本身所造成的影响。

3.扩大市场占有率

低成本不仅是一个餐饮企业制定成本价格的基础，而且是企业提高自己产品质量的基础。一个餐饮企业在不降低产品质量基础之上的价格控制无疑是吸引顾客的重要前提。对于一个企业而言，当本身用较低价格对外经营的时候，其可以获得较大的边际利润。作为经营者和顾客双方都可以获得比较满意的价格，这样的双赢是维护和巩固甚至提高市场占有率的重要途径选择。

二、优化成本控制环境

所有企业的经营都需要通过环境来实现，企业的环境包括外部环境和内部环境，而成本控制就涉及外部环境，同时也与内部环境息息相关，因此优化成本控制环境对于成本费用十分重要。

比如，企业的组织机构设置不合理，管理层级多，管理部门多，就难以保证成本控制信息与制度落实；企业的成本控制基准未制定，各部门对成本控制的理解不统一，就会导致成本控制难以顺利实施。

1.调整组织机构并明确职责权限

组织的作用就是把现有的人、财、物整合从而以最优的形态完成或实现组织的目标。在组织架构不紧凑的情况下，会很大程度降低组织的盈利能力、周转能力以及持续发展能力，进而导致企业经营管理成本始终居高不下。

对此，餐饮企业可以根据自身情况，减少下设部门数量，减少管理层级，采用扁平化管理，将企业原各部门对加盟（直营）门店的职能定位为服务属性，以此降低企业经营管理成本。

2.严格数据登记统计

严格来说，餐饮企业存在服务业与工业的双重特性，如图2-22所示。

| 餐饮企业为人们提供服务产品，如就餐环境、餐饮文化体验等 | 餐饮企业也具有采购、加工、生产、销售的环节 |

图2-22　餐饮企业的双重特性

因此除了科学测算控制期间费用外，如何控制好原料的采购、领用、加工等成本，将是减少企业开支的一个重要出口。

对于直接成本的计算分析，最为简单有效的方法就是进行账目登统计，而开展账目登记统计则依赖于原始数据采集的准确性，要求餐饮企业对采购、加工、销售的每个环节都精准记录，并定期收集汇总分析，为企业提供成本控制的决策依据，必然能够实现直接成本的有效控制。

3.加强信息公开互通

在互联网运营背景下，低利润率、大客流量将逐步成为餐饮企业的主要经营管理模式，成本控制的重要性不言而喻。

但也有不少餐饮企业，成本费用控制显然还没有得到足够的重视，概略估算、简单控制、短期关注等问题长期存在，原因除了企业管理者成本控制意识不强、可用手段不多外，制度不完善、成本信息流转不畅同样是重要因素。因此餐饮企业需要贯彻严谨的财务制度，保证指定的成本信息向指定的人员公开，既可强化员工成本控制意识，也可落实成本控制责任，让成本信息不再模糊，也让影响成本控制的行为无处隐藏。

4.执行标准成本控制

对于餐饮企业来说，有了合理的组织架构、严格登统计管理与信息公开制度，还需要建立各种费用开支的依据，建立成本控制标准，实行标准成本法。餐饮企业可按图2-23所示的步骤来制定成本控制标准。

步骤一	由厨师长确定餐厅的菜谱以及主打菜品，并标明各主料及配料的质量
步骤二	根据厨师长要求的菜品味道及形态，由厨师团队制定主料、配料以及调味品的清单
步骤三	财务人员根据每一道菜主料、配料、调味品的用量，计算出菜品的实际成本，并估算总成本，根据市场平均毛利率，制定出菜品的售价，再与市场上的平均售价进行比较，不可偏高，也不可过低

步骤四 ▷ 文案人员根据厨师的描述，将菜品制作步骤编写出来，并通过互联网将统一的制作步骤发至各个门店，各个门店根据标准的制作方法进行制作，保证菜品的统一性和稳定性

图2-23 制定成本控制标准的步骤

小提示：

对于餐饮企业来说，在成本管理上如果没有形成一个控制标准，就很难形成对未来一段时间经营的预算，这对于成本的控制是有缺失的。

三、构建成本控制信息系统

信息就如企业的神经，只有健全整个信息网络，企业才有生命力，也才能充满活力。传统条件下，餐饮企业成本控制主要通过报表登记、数据汇总分析进行，但在互联网背景下，传统的数据采集、加权汇总，甚至是数据分析等工作都可以通过互联网的信息系统解决，有效借助信息化进行成本控制。

1.建立成本费用控制信息系统

建立成本费用控制信息系统是降低企业成本的方法之一。随着互联网餐饮的快速发展，企业将越来越重视成本数据分析和经费投向预测工作，需要在继续开发与完善会计软件基础上，建立起完备的会计管理信息系统，从而实现会计成本费用控制的现代化。

（1）搭建信息系统使用环境。餐饮企业可以通过付费购买的方式，引进金蝶、浪潮或用友中的任何一款会计云软件，同步为各门店收银员、财务人员、库房管理员、厨师长等配备计算机终端，区分管理层级下发系统管理员账号，保证一线岗位的数据能够及时提报。

（2）规范工作流程。餐饮企业应明确规定，区分每日、每周、每月、每季度、每半年、每年等不同频率，明确财务、库管、后厨、门店需要使用会计云软件上报的具体数据，并由财会人员利用其进销存系统，汇总梳理企业成本的控制数据信息，同时利用Excel报表将成本费用支出情况简化细化，将数据和报表反馈给企业管理者，由企业管理者指导财务部门进行成本费用控制。

（3）进行定期培训维护。在企业已构建应用成本控制信息系统后，由财务部门定期对所属门店和同级部门进行操作使用培训，并听取门店与同级部门反馈的意见建议，及时调整修正，进一步完善系统数据的呈现内容与样式，提高企业成本费用管理的直观性、针对性。

2.实行会计数据标准化

实行标准化的会计数据体系建设，既是企业运用信息系统进行财会管理的基础，也是企业构建信息化成本费用控制手段的方式。对餐饮企业来说，做好会计数据标准化，意义在于消除因格式不规范造成的信息系统数据统计缺失、失真，导致管理者决策失误。因此需要在原始会计数据录入、会计数据信息审核、成本费用控制数据输出上着手建设。

（1）原始会计数据录入。在确定使用的信息系统后，组织企业各部门的管理及财务人员进行培训，区分餐厅常见业务与非常见业务，对常见业务产生的数据统一表述方式，明确录入界面，确定标准格式，由各部门具体经办人员操作录入，保证财务数据的"原汁原味"；对非常见的业务，由财务人员录入，并协调业务部门确认数据的表述是否符合实际。

（2）会计数据信息审核。依据会计信息系统自动汇总的报表资料，结合财务中心收集的原始凭证进行对比分析，对发现的支出异常及时向经办人进行核对，如确实为经办人超出成本控制标准开展工作，立即核准，并向上级主管领导汇报处置；如经办人仍在成本控制标准内开展工作，要校准数据差错，保证系统内数据的正确性。

（3）成本控制数据输出。餐饮企业在选择和应用信息系统时，一定要把握遵循会计软件数据接口的国家标准，实现内嵌式XBRL数据输出，满足企业内部"定制化"的管理需求及会计监督以及其他潜在需求。

3.拓宽客户网络付款手段

网络支付是近几年兴起的一种全新的支付方式，消费者可以不用携带现金、银行卡，仅通过一部手机就可完成支付。餐饮企业可在门店引进网络收款终端，鼓励顾客使用微信、支付宝、美团等网络平台付款，同样有利于成本费用控制的信息化建设。

（1）使用统一的网络收银终端和数据标准格式，实现收款时间、对应账目、购买产品等信息的自动记录与导入，同步对接引入微信、支付宝、Apple Pay等网络付款软件平台，自动导入消费者在自家店铺的消费数据，降低收银环节的成本数据信息采集成本。

（2）利用会计云软件，实现网络付款数据导入的自动加权汇总，有效降低各门店对收款账目的核算校对成本，保证经营数据直接对接录入会计信息系统，减少人工复核或者失误引起的成本核算开销。

（3）统计消费者来源，明确各网络平台对消费者引流到店、消费金额、产品购买频率、对服务和产品的关注点等的量化数据，为下一步资金投向提供参考依据，实现通过资金精准定向投放，进一步提高成本控制效率。

（4）为各门店统一规范唯一的收款账户信息，由财务人员集中管理，进一步分析各门店成本费用控制现状，保证提高依托信息系统的企业成本费用控制效益。

四、推行全员成本目标管理

全员成本目标管理是一项全员参与、全过程控制的目标管理体系，是一种管理理念，更是一套管理方法，推进全员成本目标管理是一项持久性、系统性的工作，需要企业各部门以目标为导向，全员参与、全过程控制，积极配合，使之发挥管理实效。

对于餐饮企业来说，可采取图2-24所示的措施来推行全员成本目标管理。

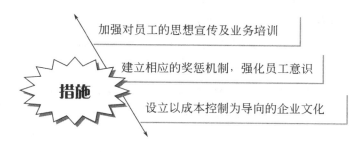

加强对员工的思想宣传及业务培训

建立相应的奖惩机制，强化员工意识

措施

设立以成本控制为导向的企业文化

图2-24　推行全员成本目标管理的措施

1.加强对员工的思想宣传及业务培训

通过对员工不断进行成本意识方面的教育来强化全员厉行节约的内在动力，向员工宣传贯彻企业的成本控制理念，积极倡导成本是企业的核心竞争力，提高员工的主人翁意识，从上至下，由管理阶层做起，形成良好的节约成本意识。

2.建立相应的奖惩机制，强化员工意识

建立激励机制是通过设置与成本费用控制相关的奖励及惩罚机制来激发员工的成本控制的热情。采用成本评估系统来测评员工在工作中节约的成本费用，并根据节约的成本费用的金额比例来相应给予奖励；同时也可根据浪费的情况，给予一定的惩罚措施，使员工充分认识到成本控制的重要性，并主动控制成本费用。

3.设立以成本控制为导向的企业文化

通过企业文化向员工传递节约成本与提高利润的观念，将降低成本的工作从财务中心扩展到企业的采购、验收、仓储、后厨、服务等各部门的每个成员，激励企业上下共同树立成本控制的意识，形成"人人节约"的企业文化氛围。

五、原材料成本的控制

原材料的成本是连锁餐饮企业成本控制的重要组成部分之一，对于餐品原材料的成本控制主要发生在3个环节：采购环节、生产环节和储存环节。

1.采购环节的控制

作为连锁餐饮企业，每家分店的餐品基本相同，原材料的采购可以通过采购部统一采购后发往各门店，不但能够运用规模化采购的方式来降低成本，还能保证各个门店原材料的品质均相同。

2.生产环节的控制

生产环节主要是指餐品从原材料被加工成餐品的整个原材料消耗过程。对于连锁餐饮企业来说，生产环节都存在着非常大的主观能动性，也是最难控制成本的环节之一。因为将原材料加工成餐品有太多不可控因素的存在，比如一道餐品一样的原材料由不同的人来烹饪，由于使用调味料分量的拿捏各不相同，餐品的味道会截然不同。

就连锁餐饮企业而言，对餐品制定原材料的标准用量，并制作成相应的培训手册，对门店进行统一的标准化培训，尽量减小差异化损耗，是生产环节成本控制的重中之重。

现在信息技术的发达也给成本控制带来了很好的帮助，餐饮企业可以将产品的标准用量录入系统，系统每日可以根据餐饮成品的销量来计算出原材料的标准用量，餐厅管理人员须每日对重要原材料进行盘点后录入系统，系统会自动计算出损耗量，餐厅管理人员可以根据每日的原材料损耗报表，及时了解餐品制作上存在的问题，及时对员工的操作进行修正，让成本得以更好控制，减少不必要的损耗。

3.储存环节的控制

由于餐饮行业必须将食品安全摆在第一位，原材料的保质期就显得格外重要，过期原材料必须销毁，这就对存货的周转率有非常严格的要求。采购部可以利用库存系统及时关注各种原材料的库存，当某些原材料过剩且临近保质期时，应当及时与市场部和研发部门沟通，采用研发与该原材料相关的新餐品和市场活动的方式来尽最大可能消耗原材料，降低报废损耗成本。

六、人员成本的控制

负责的餐厅管理者和合格的员工对餐饮企业来说是非常重要的。连锁餐饮企业需要认真研究工作步骤的每一个环节，针对各自企业的特色，简化并标准化作业程序。

首先，要对每一个员工进行科学合理的分工定岗，要做到精简编制。根据餐厅每日的不同时段客流量的变化去安排人员，必要的时候多安排或者少安排，另外由于现在外送业务的兴起，餐厅除了要考虑到堂食所需的人员安排外，也需要合理安排对于外送业务的打包人员。在节假日还可以雇用临时工来保证人手的充裕。

其次，就是连锁餐饮企业的员工薪酬。餐厅员工的薪酬一般由固定薪金和绩效薪金两部分组成，企业需要建立合理的出勤考核制度以及绩效考核目标，对于绩效考核优秀良好的员工要给予相应的奖励，对于违反制度或未达目标的也要给予相应的惩戒。

七、门店租金成本的控制

连锁餐饮企业门店租金成本是门店原材料成本及人工成本外影响门店利润较大的因素之一。因此门店的选址、租金及续约解约成本均需要进行合理的考量。

1.门店的选址

连锁餐饮企业经营的本质是锁定和扩大市场占有率，门店的选址铺点在某种程度上决定了后续经营业绩。后续资源的配置、架构搭建都是以此为基础展开的，也是企业预算制定和管理的基础。

在这个阶段，往往需要开发人员扫街选址后，信息技术部人员可利用信息技术将已有门店及待选门店覆盖的商圈绘制在地图上，来确认是否会造成商圈重复而影响现有门店，同时企业管理层需要会同公司各相关部门——开发部、营运部、财务部等统筹确定此目标。

2.门店的租金

门店租金的高低直接影响门店盈利水平，因此对于确认后的餐厅选址还需进行门店的保本测算，一套完整的保本测算模板能使连锁餐饮企业在门店选择上有更多更好的参考价值。

营运部需根据该点位预估相应的营业额数据，财务分析人员应根据该营业额数据，运用测算模板来测算该点位是否可以盈利，由于成本和相关费用均参考了现有门店的数据，因此如该点位无法达到预期的盈利状态，就需要管理层考虑是否需要去协商租金或者放弃该点位另寻其他。

3.门店续约及解约成本

由于连锁餐饮企业的门店众多且分布较广，如何规划控制续签引起的成本也是需要重点考虑的，续约房租的上涨比例将对连锁餐饮企业的经营利润造成较大的影响，因此企业需要对续租上涨比例有前期预估值，才能在续约时有合适的评估标准。对于一直长期无法盈利的门店也要测算继续亏损与提前解约哪个方案能让企业损失更少，因此在租约签订时其解约条款也是需要再三斟酌的部分，不能签订非常不利于企业的解约条款，否则会导致企业后续无法退出而被迫绑定。

第三章
连锁餐饮推广

随着互联时代的到来，餐饮业也在经历着巨大的变革，从传统餐饮业的模式正在加速转换为"互联网+餐饮"。而餐饮企业想要得以长久发展，就必须通过各种有效的推广方式来获得源源不断的客源。

第一节　品牌推广

相信大家都听过这么一句话："金杯、银杯不如口碑"。其实餐饮行业也需要注重品牌推广，当顾客在某个店吃到什么特色菜品、享受到不同的服务时，就会成为它的义务宣传员。

一、品牌定位

餐饮企业的品牌定位实质上就是推出餐饮企业自身所期望的形象（产品、服务或餐饮企业本身），目的是让其在消费者心目中的实际形象与餐饮企业所期望的形象相吻合或产生共鸣，这也可以说是餐饮企业的一种引导和控制消费者心理的销售行为。一般来说，品牌定位包括图3-1所示的四个要素。

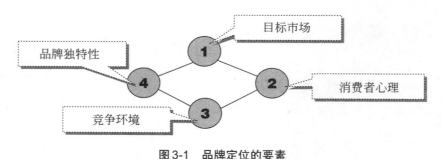

图3-1　品牌定位的要素

1.目标市场

品牌定位的第一个要素是确定目标市场或目标消费者。品牌定位是品牌被预设在目标消费者心理空间的位置。只有选定目标消费者，并由此确定定位空间，才谈得上品牌定位。

2.消费者心理

消费者心理是品牌定位的第二个要素，因为品牌定位是预设品牌在目标消费者心理空间的位置。只有了解目标消费者的心理，才能建立他们的心理空间；只有建立心理空间，才能进行品牌定位；建立消费者的心理空间，就是确定与消费者认知、动机和态度有关的定位维度（定位坐标轴）。因此了解目标消费者现在的和潜在的认知、动机、态度，选择与此相关的、恰当的定位维度，是品牌定位的一个关键。

3.竞争环境

分析竞争环境是品牌定位的第三个要素，因为进入目标消费者心理空间的品牌通常不止一个，品牌与其竞争对手的定位之间是相互影响的，因此品牌定位要分析竞争环境和了解对手的定位。分析竞争环境就是选择一组竞争维度，比较品牌与其对手在每一个竞争维度上的优势或劣势，由此选择较能体现该品牌优势的竞争维度，再从中选出最重要的竞争维度作为定位维度。

4.品牌独特性

品牌独特性或品牌差异化也是品牌定位的一个要素，这是由品牌在目标市场的竞争所决定的。品牌定位是预设品牌在消费者心理空间的独特的位置，独特的位置就是品牌区别于其他对手的有特色或有差异的位置。品牌的特色定位或差异化定位，是品牌定位的一个关键。

二、品牌形象设计

品牌形象设计是品牌的表现形式，主要包括品牌的名称及品牌标志，其次还有品牌说明、品牌故事、品牌形象代言人、品牌广告语及品牌包装等附加因素。

1.品牌名称

品牌名称也就是指餐饮企业品牌的命名/取名。企业名称与企业形象有着紧密的联系，企业名称的确定须注意图3-2所示的事项。

事项一	必须要反映出企业的经营思想，体现企业理念
事项二	要有独特性，发音响亮并易识易读，注意谐音的念义，以避免引起不佳的联想

图3-2

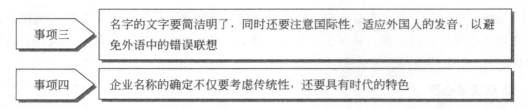

事项三 名字的文字要简洁明了，同时还要注意国际性，适应外国人的发音，以避免外语中的错误联想

事项四 企业名称的确定不仅要考虑传统性，还要具有时代的特色

图3-2 确定企业名称的注意事项

2.品牌标志

品牌标志包括品牌标志的字体、标志的图案、颜色及标志物。标志的设计不仅要具有强烈的视觉冲击力，而且要表达出独特的个性和时代感，必须广泛适应各种媒体、各种材料及各种用品的制作，其表现形式可分为图3-3所示的三种。

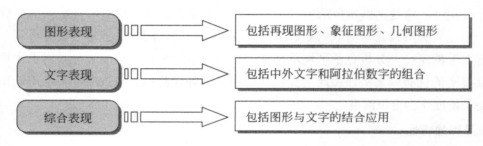

图形表现 → 包括再现图形、象征图形、几何图形

文字表现 → 包括中外文字和阿拉伯数字的组合

综合表现 → 包括图形与文字的结合应用

图3-3 企业标志的表现形式

3.品牌附加因素

品牌附加因素是指品牌的说明、口号、故事、广告语、歌曲、包装、形象代言人等。

（1）品牌说明。品牌说明就是指对品牌产品所属产业或行业的说明。其主要作用是让消费者对品牌所涉及的领域有一个明确的认知，以便于餐饮企业品牌的延伸。品牌说明比较适合持品牌延伸战略的餐饮企业。

比如，家电行业的成功典范海尔最初是做电冰箱的，那么"海尔"就是家用电器的一个子领域。由于海尔的品牌说明是"家用电器"，那么给人的感觉就是海尔不仅有生产电冰箱的能力，还有生产其他家用电器的能力。因此当海尔品牌延伸到空调、彩电、洗衣机、手机、电脑等时，消费者也不会觉得海尔"不专业"。

（2）品牌口号。品牌口号是指能体现品牌理念、品牌利益和代表消费者对品牌感知、动机和态度的宣传用语。餐饮企业在设计自己的品牌口号时，一定要让品牌口号能突出品牌的功能和给消费者带来的利益，具有较强的情感色彩、赞誉性和号召力，能够刺激消费者。餐饮企业的品牌口号可通过标语、电视（广播）媒介、手册、产品目录等手段进行宣传。

（3）品牌故事。品牌故事是指餐饮企业品牌在创立和发展过程中有意义的一些逸闻

旧事，它可通过公司手册或著书等手段进行传播。品牌故事体现了品牌的理念或文化，能增加品牌的历史厚重感、资深性和权威性，能加深消费者对品牌的认知，增强品牌的吸引力。

（4）品牌广告语。品牌广告语是指广告中用以介绍品牌的短语。品牌广告语是对品牌的解释，能帮助消费者了解品牌的内容，包括品牌的含义、利益和特色等。

小提示：

> 品牌广告语在设计时也应像品牌名称一样独特、简明、朴实、易读、亲切、熟悉、有含义。

（5）品牌广告曲。品牌广告曲就是广告里的乐曲，广告曲比广告语的情感性和艺术性更强，对广告受众的刺激性更强，更容易激发消费者的购买冲动。

（6）品牌包装。品牌包装是品牌（信息）的主要载体，在广义上也作为品牌的一个附加要素，品牌包装对品牌起到传播品牌与介绍品牌的作用。

（7）品牌代言人。品牌代言人通常是选文艺或体育界的名人、明星，利用其社会号召力增强品牌的市场号召力。

三、品牌形象整合传播

再好的品牌理念和品牌识别，如果不能进入顾客的心灵就只能是镜花水月，进入的方法就是品牌传播。通过品牌的有效传播，可以使品牌为广大消费者和社会公众所认知，使品牌获得增势。同时，品牌的有效传播，还可以实现品牌与目标市场的有效对接，为品牌及产品进占市场、拓展市场奠定基础。

餐饮企业品牌传播应该在品牌核心价值统率下进行整合营销传播。而整合营销传播的核心思想应以整合企业内外部所有资源为手段，以消费者为核心，充分调动一切积极因素进行全面的、一致化的营销，具体要求如图3-4所示。

要求一	要求企业变单一分散的传播手段为综合式的传播手段
要求二	要求企业坚持"一个观点，一种声音"的原则，与消费者建立持久、良好的关系
要求三	要求企业每一位员工都参与到营销传播中来，让每个部门和每个成员都负起沟通与传播的责任

图3-4　整合营销传播的要求

整合营销传播同时强调与消费者进行平等的双向互动沟通，清楚消费者需求什么，把真实的信息如实地传达给消费者，并且能够根据消费者的信息反馈调整企业自身的行为。餐饮企业的整合营销传播要做好餐厅销售渠道的整合等工作。具体措施如图3-5所示。

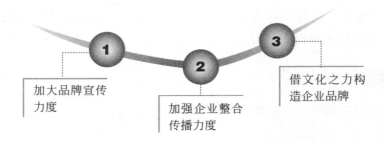

加大品牌宣传力度

加强企业整合传播力度

借文化之力构造企业品牌

图3-5　整合营销的措施

1.加大品牌宣传力度

餐厅应针对目标市场，选择恰当媒体，加大品牌宣传力度。产品宣传应根据消费者中目标人群的需要，重点突出一个"质"字。

比如，菜品精致、服务高档的商务性餐厅，应定向于高消费者；格调清新、菜肴独特的民俗型餐厅，应定向于都市回归族；环境温馨、服务周到的家居型餐厅，应定向于百姓大众，并以树立品牌、巩固形象为突破口，强化产品在消费者心中已有的印象。

通常采用在电视、电台、报纸、灯箱、立牌上做宣传的办法，或有针对性地请厨师讲菜、顾客点评。搞些让消费者受益，让消费者难以忘怀的活动，以确实提升企业形象，促进经济效益的改观。

2.加强企业整合传播力度

餐饮企业应以战略眼光对待品牌推广与广告宣传，这其中特别要强化整合传播力度。运用产品生命周期理论和产品、渠道、价格、促销等营销因素整合策略，进行市场细分，依据餐厅定位，科学地进行广告定位，依据不同季节和时令特色菜品，调整和控制广告的投入，确定和调整广告目标与广告策略。

此外还要注重广告的到达范围、传达频率、接受率、消费者印象、业务增长情况等广告效果的测定，重视广告活动的整体策划，注重整体效应与长期效应。

3.借文化之力构造企业品牌

品牌的背后是文化，借文化之力构造企业品牌，是企业不断提升形象的重要方式。中华五千年积淀的深厚文化内涵与"一菜一格，百菜百味"神奇烹饪的结合，自然能造就出文化在餐桌、饮食成文化的独特风景。餐饮企业以中华文化为"主料"，以博大精深的饮食为"辅料"，借助于现代科学管理的精心调和，自然能做好餐饮文化品牌这道"大菜"。

四、品牌形象建设与维护

品牌代表着企业对消费者的承诺，是消费者对企业的一种信任和肯定。品牌一旦深入消费者的心中，就会成为企业取之不竭、用之不尽的宝库，为企业带来无限的收益。因此企业应用心维护品牌形象，具体措施如图3-6所示。

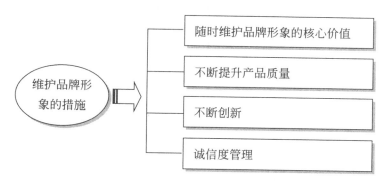

图3-6 维护品牌形象的措施

1.随时维护品牌形象的核心价值

品牌核心价值是品牌资产的主体部分，它让消费者明确、清晰地识别并记住品牌的利益点与个性，是驱动消费者认同、喜欢乃至爱上一个品牌的主要力量。不断维护核心价值的目的就是要凸显品牌形象的独特性，其措施如图3-7所示。

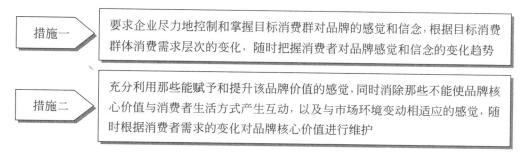

图3-7 维护品牌形象核心价值的措施

2.不断提升产品质量

质量是构成品牌形象的首要因素，也是决定品牌形象生命力的首要因素。对企业来讲，对顾客负责任，是从产品的质量开始的。出色的质量才是赢得顾客、占领市场的敲门砖。没有一流的质量，就不可能获得消费者的信任，更谈不上品牌形象的塑造。

3.不断创新

品牌形象的生命力一半来自创新。创新使品牌形象与众不同，让品牌生命中加入了无穷活力，是延长品牌形象生命的重要途径。其要求如图3-8所示。

技术创新	营销创新
技术创新就是专门研究同类产品的新技术、新工艺，不断提高产品的技术含量，开发新工艺，研究产品的市场生命周期和更新、改进、换代的时限与趋势，不断地发展产品有价值的特色，不断推出"热点"产品，保证产品旺盛的销售势头	除了技术创新之外，企业还要进行管理创新、营销创新。后者是指不断研究市场消费需求、消费者购买行为的走势、消费者购买习惯的变化和消费流行动向，不断地在营销方式、价格、渠道选择、促销措施上推陈出新，引导消费，满足需求

图 3-8　品牌创新的要求

4. 诚信度管理

信誉是一个品牌能够在消费者心目中建立其"品牌偏好"和"品牌忠诚"的基本要素。

企业在产品质量、服务质量等各方面的承诺，使消费者对此品牌产生偏好和忠诚。良好的信誉是企业的无形资产，可以增强品牌形象的竞争力，带来超值的利润。

一个诚信的形象，将维系客户的美誉度和忠诚度，为企业的可持续发展奠定坚实基础。因此诚信应当成为一切企业的经营哲学基础，也应当是企业维护品牌形象的必要工作之一。

小提示：

品牌形象是餐饮企业最宝贵的无形资产和经营资源，也是餐饮企业在激烈的竞争中制胜获利的法宝，直接关系餐饮企业的品牌经营状况，关系餐饮企业生产的产品或服务是否会为消费者所接受，也关系着餐饮企业的成败。

第二节　菜品推广

对于餐饮企业来说，研发出一道新菜需要耗费大量的人力物力。要想新菜卖得好，离不开厨师的研发和烹制，也少不了前厅员工的配合与推菜。除此之外，做好必要的宣传造势，做好员工培训也是提高新品曝光率和销售量的关键。

一、菜品内测——试吃

餐饮企业每推出一道新菜品之前，都需要让前厅的服务员了解菜品的口味，也就是试吃。如果大部分员工都觉得味道不好，那么可能推出去效果也不会很好。只有通过不断地试吃、改良，才能确定新品的质量。这个也可以算是餐厅的新品"内测"。

1.店内人员试吃

可让店长先试吃，确定新品的口感，找出菜品的亮点。如果店长觉得不错，再组织店内的管理人员试吃，在试吃的过程中一起讨论菜品的口感、特点，让大家给出改良的意见。

2.邀请顾客品鉴

餐厅也可以邀请一些老顾客进行品鉴。在顾客品鉴后请他们提出自己的意见，再根据顾客提出的意见进行改良。

综合以上试吃，总结出这款新品的卖点。

3.确定制作流程

在组织完店内试吃和邀请顾客品鉴后，餐厅就可以确定下来新品的制作工艺，形成制作流程，估算新品的毛利，制定销售价格。

二、菜品了解——培训

餐厅在确定要上新品之后，就需要对前厅、后厨的相关人员进行培训。前厅员工的培训主要包括新品的份数（一份/半份）、价格、卖点等。

1.后厨员工培训

后厨员工的培训主要指新品的操作流程，包括加工工艺、摆盘标准等。厨师长可以现场操作如何烹制菜品，或录制小视频供全体员工学习，以便熟悉菜品的制作流程、特点、摆盘特色等。

2.前厅员工培训

餐厅要想最有效最直接地达到新菜销售佳的效果，绝对离不开前厅的服务员。一有新菜，就需要为前厅服务员培训菜品相关的信息，如食材、做法、口味等，甚至应该参与试菜，这样才可与食客沟通，达到销售目的。

餐厅可让每个员工都品尝，然后说出自己对新品的评价。主要目的就是让员工对新品的味道有一个直观的认识，这样才会给客人做更好的介绍。

三、菜品推广——引导

餐厅推出新品之后，最重要的是怎么推广的问题。对顾客来说，有可能是抱着尝鲜的心理来吃，但是大部分顾客会因为不熟悉而选择不点，这时候就需要餐厅做推广、前厅服务员做引导了。

1.广告宣传

新品出来后，餐厅可以通过以下方式加大广告宣传力度。

（1）餐厅设计出全新的海报，勾起顾客的食欲。

（2）巨幅广告，多处投放，在顾客心中形成记忆点。

（3）在门店门口加入新品展示台，同时设置专业的人员对新品进行讲解，营造出热卖氛围。

（4）在菜单上进行更新标注，可把新品印在菜单封面，占据顾客入座第一印象。

（5）加大网络宣传攻势，如公众号、官网、官方微博的宣传。

2.现场介绍

除了上面的广告宣传外，餐厅推广新品最重要的方式为现场介绍。

（1）服务员的介绍。服务员在协助顾客点菜时，可告知顾客餐厅上了新品，并将新品的卖点介绍给顾客，吸引顾客去尝试。

小提示：

> 服务员在向顾客做新品推销时，不要过多骚扰顾客，一切要从顾客体验出发，主要给顾客简单介绍一下新品的口感和卖点，让顾客知晓即可。

（2）迎宾人员的介绍。迎宾人员在照顾等座的顾客时，可以向顾客传达本店引入了新品，让顾客心中先有个认知。

（3）经理、店长的介绍。经理、店长在维护老顾客时，可以借机推广新品，如"我们有新品推出，等下您可以尝尝，帮我们多提意见"；也可以免费让一些老顾客进行品尝，以提高顾客满意度。

四、设置奖惩——激励

新品推出后，为了让员工更好地给顾客介绍，提高销售份额，奖励措施是必不可少的。但是餐厅推新品不应该要求员工强推，所以不能将新品的销售量作为评价员工是否做好推广的唯一指标。

1.奖励措施

餐厅可以采用礼品奖励和现金奖励的方式来激励员工推销菜品。

（1）礼品奖励。礼品奖励可以通过积分来换取奖品，奖品可以设置一些比较受员工喜欢的类型。

比如，某餐厅采用笑脸积分制度。前厅员工每推荐一份新品可以获得一个笑脸，积满10个笑脸可以兑换一个公仔玩具，积满20个笑脸可以兑换一张电影票等。

这样可以避免员工一味追求推销，而造成顾客不满意的现象。

（2）现金奖励。现金奖励应与整个餐厅的销售额直接挂钩，可根据单人推销新品的销售量或小组的销售量设置奖励措施。

2.处罚制度

有奖就有罚，这里的"罚"指的是对由于推广新菜品而影响顾客满意度的情况进行处罚。如果在服务的过程中发现有员工强行硬推的现象，要及时对员工进行提醒、警告，再次发生就要进行处罚。

小提示：

> 酒香也怕巷子深，新品要想卖得好，不仅要做好宣传推广，还要提供优质的服务和用餐体验，这样才能让餐厅赢在口碑上。

第三节　微信公众号推广

微信公众号是一个做CRM的绝佳平台，这个平台植壤于微信平台中，其流程简单、易操作，可相应降低对餐饮企业及消费者的普及、推广难度，而且在沟通、互动、服务、搜集用户信息和客户关系管理方面有不可比拟的优势。

一、微信公众号的创建

1.公众号类型的选择

微信公众号分为公众平台服务号和公众平台订阅号，两者的区别如表3-1所示。

表 3-1　订阅号与服务号的区别

项目	订阅号		服务号	
服务模式	为媒体和个人提供一种新的信息传播方式，构建与读者之间更好的沟通与管理模式		给企业和组织提供更强大的业务服务与用户管理能力，帮助企业快速实现全新的公众号服务平台	
适用范围	适用于个人和组织		不适用于个人	
基本功能	群发消息	1条/天	群发消息	4条/月
	消息显示位置	订阅号列表	消息显示位置	会话列表
	基础消息接口	有	基础消息接口/自定义菜单	有
	自定义菜单	有	高级接口能力	有
	微信支付	无	微信支付	可申请

从表3-1可以看出，订阅号与服务号还是有很大的区别，那么餐饮行业创建微信公众号是选择订阅号还是服务号呢？

对于餐饮企业来说，创建微信公众号的主要目的是通过推广餐厅产品，提升餐厅实际收益，树立企业品牌形象。餐饮行业的企业官微实际上是侧重"用户运营"的一个渠道。因此，大多数媒体的企业官微都是订阅号。这是因为媒体需要实时推送最新的资讯，粉丝之所以关注也是希望可以获取实时资讯，所以类型和粉丝的需求是匹配的。但是作为服务行业的餐饮企业官微，应该更加注重"用户服务和管理"，而不是一直推送餐厅单方面想要推送的资讯，换句话来说，餐饮企业官微的粉丝的需求更加偏重于"服务交互"，比如获取餐厅的趣味体验机会、特价产品等，所以餐饮行业在选择官微注册的时候，大多会选择"服务号"。

2.头像的选择

选择头像时，识别度越强越好。比如提起麦当劳，马上就能让人想起"M"字样。对于餐饮企业来说，微信公众号的头像可以选择品牌卡通人物，可以放公司Logo，具体放什么要根据企业品牌推广需要而定。

3.公众号的命名

"人如其名"这是形容人的姓名跟人的整体形象一致，那么企业能否从名字当中透露出餐饮企业自身的调性也很关键。这个名称决定了顾客对关注这个餐饮企业之后获取信息的所有想象。所以名称要精简，精简才便于记忆，建议采取"品牌名＋产品品类"的办法。

比如"一品红川菜"很清晰地告诉粉丝：我是"一品红"，我做的是川菜。

4.公众号功能介绍

粉丝扫描二维码或者搜索公众号进来，看到的第一个页面很关键，功能介绍上面要清晰地表述公众号的目的和定位。

比如"食尚湘菜，打造更湘 更辣 更地道 湖南菜"，就很清晰地向粉丝传递出餐厅的特色与定位，喜欢湘菜的、爱吃辣的顾客就会多加关注了。

二、微信公众号的运营

餐饮微信公众号不仅能够增强餐厅与顾客间的互动与沟通，而且可以使餐厅信息在顾客社交圈中得以分享。可以这样说，公众号推广做得好不好，直接关系到餐厅的声誉与利润。基于此，餐饮企业可以按照图3-9所示的要求，来做好微信公众号的运营。

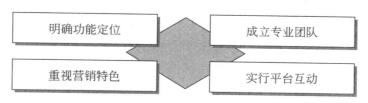

图3-9 微信公众号的运营要求

1.明确功能定位

餐饮企业需要制定出行之有效的营销战略，根据微信公众平台的实际特点，确定其在营销体系中的应用范畴。在使用公众账号之前，一定要对其有一个全面的认知，并将餐厅特色充分融入其中，明确其运营的实际功能，定位好公众号在餐饮企业营销体系中所扮演的角色。从根本上讲，微信公众账号的运营目标就是发展客户，因此餐饮企业必须将服务放在经营的首位。

许多餐饮企业微信推广走错了方向，主要停留在餐厅品牌、餐饮菜品的宣传上。其实餐饮企业公众号推广应该做到多元化，具体如图3-10所示。

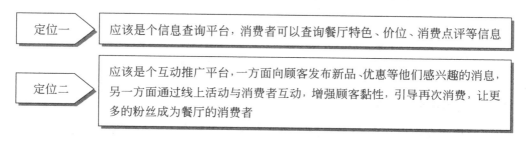

图3-10 公众号平台的功能定位

2.重视营销特色

营销特色是餐饮企业吸引顾客的关键，在运用公众账号进行消息推送时，需要在满足用户需求的基础上，打造自身独特的风格，无论是界面设计，还是信息内容，都需要将餐厅特色凸显出来。

◆ 小提示：

　　餐饮企业可以抛弃传统的图文推送方式，运用视频动画等新颖方式来使信息更加具有趣味性，从而达到吸引用户的目的。

3.成立专业团队

实际上，公众账号的经营是一项非常专业的工作，餐饮企业想要做好这项工作，就需要成立一支专业的经营团队，而且要配备专业的运营人员为企业经营公众账号。经营团队不仅需要了解顾客的消费心理，及时与顾客进行沟通，还需要对企业的特色与经营文化非常熟悉，从而确保公众账号的风格同企业风格相同，从而为企业吸引更多顾客。

4.实行平台互动

互动性是微信的一个主要特点，公众平台实际上也具有很大的互动性，因此餐饮企业可以将这一特点充分利用起来，通过微信来联系顾客，从而实现与顾客之间的实时互动。人工后台服务是实现这一功能的关键，能够让餐饮企业的微信公众账号更加人性化，帮助顾客解决实际问题，并将顾客提出的建议传达给企业，让企业的服务更加完善。另外，企业还可以定期回访一些重要顾客，了解顾客所需，及时反馈顾客信息。

三、微信公众号线上推广

餐饮企业可以采取图3-11所示的措施来做好微信公众号的线上推广。

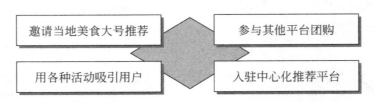

邀请当地美食大号推荐　　参与其他平台团购

用各种活动吸引用户　　入驻中心化推荐平台

图3-11　微信公众号线上推广的措施

1.邀请当地美食大号推荐

餐厅经营初期，微信公众平台也才搭建起来，在完全没有顾客基础的情况下，可以先邀请其他有大量粉丝基础的美食推荐大号进行推荐，宣传餐厅美食，及优惠活动信息等，用于初期吸引人气。

2.用各种活动吸引用户

餐饮企业可结合第三方平台开展各种活动，比如发红包、各种抽奖游戏，不但可以激活老用户，还可以让他们分享到朋友圈带来部分新用户。

3.参与其他平台团购

餐饮企业在其他平台做团购的目的，是为了用低价从其中心化平台吸引目标客户，并且留住他们，而不是为了卖东西，要做的是品牌，更多是为未来的回头客做准备，特别适合新店。

4.入驻中心化推荐平台

比如大众点评等这种中心化推荐餐馆的平台，都可以作为吸引新用户的途径，让用户关注公众号之后，就完成了"去中心化"和"扁平化"，彻底去掉中介，让用户和店铺直接沟通，减少中间成本。

在完成最初的粉丝积累后，餐饮企业通过对微信公众号的日常维护，可以将优惠信息推送给顾客，刺激顾客二次消费；也可以通过公众号和粉丝互动，提升顾客活跃度；或者是推送美文通过软性的营销手段塑造企业品牌形象，提升品牌在顾客心中的形象。

四、微信公众号线下推广

餐饮企业可以采取图3-12所示的措施来做好微信公众号的线下推广。

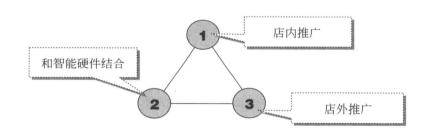

图3-12 微信公众号线下推广的措施

1.店内推广

店面是充分发挥微信营销优势的重要场地。可在菜单的设计中添加二维码并采用会员制或者优惠的方式，鼓励到店消费的顾客使用手机扫描。一来可以为公众账号增加精准的粉丝；二来也积累了一大批实际消费群体，这对后期微信营销的顺利开展至关重要。

店面能够使用的宣传推广材料都可以附上二维码，包括墙壁、餐桌、收银台、吧台、易拉宝等，但不是就仅仅放一个二维码那么简单，而是要告诉用户，扫二维码后他们可以获得什么，需要给用户一个关注的理由，甚至是所有工作人员都要口头提醒用户，比如可以有以下方面的好处。

（1）别处所不能买到的团购套餐。

（2）特别的优惠。

（3）送饮料、菜或锅底。

（4）或是某个受欢迎的菜品只有关注公众号的用户才能点，甚至是只能通过微信平台点。

（5）通过微信点餐和支付可以享受打折、满减、送券等优惠。

小提示：

店内的推广，除了是利用服务差异化，吸引用户关注外，还是为了培养用户使用微信公众号完成点餐和消费的习惯。

2. 和智能硬件结合

餐饮企业可以将公众号与路由器关联，用户只有关注了公众号才能享受WiFi服务；也可与照片打印机关联，用户只有关注了公众号才能打印照片，如果怕成本过高可以设置免费打印1～3张。

3. 店外推广

地推的方式是最传统的，不过现在发传单基本没人看了，所以要用相关的微信活动来吸引用户关注公众号，并且参与里面的活动，而不是简单地介绍几个菜谱和优惠活动，你的目的是为了吸引用户，并且通过微信深入地了解店铺。

餐饮企业还可以搭建自己的活动场地，无论在店外还是人流集中的广场，都可以通过线上线下结合的活动、游戏、打印照片等，还有吸引眼球的海报来吸引用户关注。

五、微信公众号推送内容

餐饮企业在自己的公众号上推送餐厅动态、美食、服务信息或打折优惠信息，通过微信与用户沟通交流最新讯息，方便快捷、成本低。

1. 推送时间

根据有关统计显示，一天之中有这么几个推送阅读高峰期：上午9～10点，中午1点，下午5点，晚上9点和11点。这其中又以晚上9点和11点的访问量最大。所以真正的黄金时间，是每天晚上大概8点20分发。这些时间读者有足够的时间来阅读白天推送的内容，适合做产品的促销。

2. 推送频率

餐饮企业可以选择一天一条单图文信息；或隔天一条多图文信息。推送得太频繁会引起顾客的反感。

3. 推送内容

（1）发布文章不一定要长篇大论，一定要引发读者的思考，一般内容在300～500字。

（2）文章的标题要有特点。尽可能吸引到读者来阅读。毕竟现在订阅的公众账号多了，竞争很激烈。再好的文章，读者不点进来看也是白搭。

（3）不要每天推送大量的内容给潜在顾客。要创造可以跟读者沟通的话题，要知道所有价值都来于沟通，推送再好的内容，不如跟读者沟通一次。

（4）字体要尽可能大一点，因为手机屏读文章已经够吃力了，字体小了眼睛会累。

（5）段落排版上，每一段尽可能短一点。尽量避免出现大段的文字，大段文字读起来容易视觉疲劳。

（6）在每篇文章的最后要附带上版权信息。因为微信的内容可能会被分享到各种地方，带上自己的版权信息就为读者增加了一个入口。

（7）尽量写图文消息，而不要只推送文字消息。附带上一张图，体验会好很多。但要注意图片的流量，尤其是大图一定要经过压缩。

图3-13所示为微信公众号图文推广截图。

图3-13　微信公众号图文推广截图

小提示：

向微信粉丝频繁地推送消息可以提高餐饮店的曝光率，也可能会招致粉丝的反感，让粉丝取消关注。所以在推送内容的选择上需要经过仔细选择，及时分析微信数据，根据数据调整微信推送的内容。

六、微信公众号推广技巧

餐饮企业在通过微信公众号推广时，也需要讲究一定的技巧，可参考图3-14所示的几点。

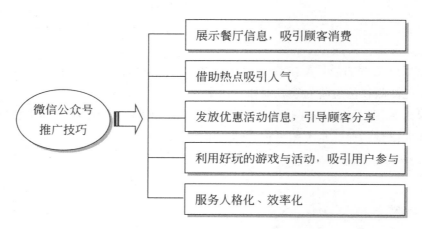

图3-14　微信公众号推广技巧

1.展示餐厅信息，吸引顾客消费

在公众号上餐饮企业应该展示一些什么呢？

比如，可以展示餐厅的美食、环境、服务等信息；可以展示菜品有多新鲜，所采购的肉、鱼、蛋都是哪里来的，展示餐厅做了什么优惠活动的结果、照片等。

让顾客能看得到品质、实惠，产生消费冲动，这就是展示的目的。

2.借助热点吸引人气

餐饮企业做公众号推广一定要学会借势，借助网络、社会大众关注的热点，推送的内容才会更有关注度。

小提示：

追热点一定要结合餐厅实际情况，必须要和店面结合起来才是最主要的。

3.发放优惠活动信息，引导顾客分享

在公众号上不定时发放优惠活动信息，是提高用户活跃度的最佳手段。

比如，向粉丝发送店内每日特价菜品信息，或者新品上市时可以向粉丝限量发放免费品尝优惠券等。

发放优惠给予顾客一个上门消费的理由只是第一个目的，后续如何让餐厅通过这些顾客得到更多的曝光量是第二个目的。

比如，可以鼓励这些顾客在微信朋友圈分享"好好吃啊"，并附上各种菜品美图。这样就会提高餐厅的曝光率，无形地将餐饮品牌和美誉在社交圈推送出去了。而对于这种分享的顾客，餐馆可以赠送菜品、积累积分等，这就形成了良性的循环。

4.利用好玩的游戏与活动，吸引用户参与

微信公众号其实是为商家提供了一个与用户沟通的新渠道，通过不同的沟通形式和

内容可以达到不同的效果。

比如，通过互动游戏可以提高用户黏性，如果功能设计得合理，还可以引发用户带动周围的朋友一起参与，达到口碑营销的效果。

微信公众号推广比较常用的方法就是以活动的方式吸引目标消费者参与，从而达到预期的推广目的。要根据自身情况策划一场成功的活动，前提在于商家愿不愿意为此投入一定的经费。当然，餐饮企业借助线下店面的平台优势开展活动，所需的广告耗材成本和人力成本相对来说并不是不可接受的，相反，有了缜密的计划和预算之后完全能够实现以小成本打造一场效果显著的活动。如果你的公众号的功能享有提前预订、会员折扣、生日特权、积分、买单、投诉建议的权利，那粉丝的黏性会不会更高？中国的节日特别多，意味着餐饮商家的趣味性活动和有利益的推送内容也是可以留住一部分活跃粉丝的。

以签到打折活动为例，商家只需制作附有二维码和微信号的宣传海报与展架，配置专门的营销人员现场指导到店消费者使用手机扫描二维码，关注商家公众账号即可收到一条确认信息（注意，在此之前商家需要提前设置被添加自动回复），消费者凭借信息在买单的时候享受优惠。

🔹 小提示：

为防止出现顾客消费之后就取消关注的情况，商家还可以在第一条确认信息中说明后续的优惠活动，使得顾客能够持续关注并且经常光顾。

5.服务人格化、效率化

很少有人乐意对一个冷冰冰的餐饮企业机构敞开心扉，因此餐饮企业应将将其品牌人格化、故事化、场景化、去商业化，赋予企业人格魅力，让企业像个人去跟用户沟通。沟通过程中不必追求华丽的辞藻、炫酷的技巧，简单平实、接地气的语言往往最能打动用户。

对于用户的问题和投诉，公众号作为一个即时沟通平台一定要迅速响应给予答复，再巧妙地让用户宣传自己的品牌，一次好的服务也是一次好的潜在营销的机会。

第四节　微博推广

对于餐饮业来说，因其实时性、实用性、口碑传播等特点与微博特征高度契合，因而可以比较轻松地把微博推广开展起来。每一个微博用户后面，都是一位活生生的消费者。微博平台已经成为企业猎取品牌形象与产品销售的重要通道。

一、微博推广的流程

微博运营是一个连续而复杂的过程，且每一个环节都极其重要，每一项工作都必须由专业的人员负责。餐饮企业可按表3-2所示的流程开展微博推广工作。

表 3-2　微博推广的流程

阶段	主要项目		工作明细	人员分工
前期	微博开通		选择注册	
	微博装修		头像、背景、昵称、标签等资料完善	
	微博认证		向微博平台提交认证申请	
中期	运营日志		每天的粉丝、转发、评论	
	内容建设	企业信息	企业动态、新闻	编辑人员
			新品上市、活动促销	
			饮食相关知识	
		受众信息	根据用户群体来选择话题	
	活动策划	独立活动	自身发起的各种微博活动	BD人员
		联合活动	媒体机构	
			跨部门合作	
			异业活动	
	外部推广	红人转发	红人外包转发	
		网络广告	其他网络资源配合	
		站外论坛	相关热门论坛推广	
	客服工作	咨询答疑	解决用户咨询问题	编辑人员
		奖品券发放	活动后续处理	
		粉丝互动	评论/转发用户留言	
		处理投诉	紧急投诉及危机公关	
后期	总结分析	运营数据	微博各环节数据目标分析	运营负责人
		活动分析	活动结束数据分析	
	目标检查	目标考核	结合整体目标定期阶段性检查	

（表格左侧纵向标注：餐饮企业开展微博营销的主要流程）

二、微博推广的要点

餐饮企业在用微博平台进行推广时，要把握住图3-15所示的要点。

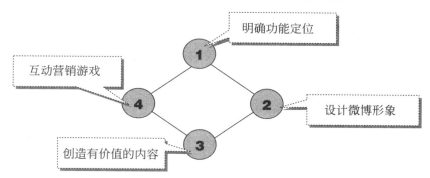

图3-15　微博推广的要点

1.明确功能定位

餐饮企业可以注册多个微博账号，每个账号各司其职。一个微博账号可能承担相对单一的功能，也可以承担多个功能。如果企业比较大，那么在一个专门的公共关系微博账号外，建立多个部门微博账号是可取的。如果企业的产品比较单一，那么整个企业建一个微博账号就可以了。

小提示：

> 一般来说，一个微博账号可以承担新产品信息发布、品牌活动推广、事件营销、产品客服、接受产品用户建议与反馈、危机公关等多项功能角色。

2.设计微博形象

微博形象包括头像、昵称、简介、背景、活动模块等。其设计要求如图3-16所示。

要求一	餐饮企业的微博形象设计要体现出亲切感，要能够吸引目标消费者。比如，在活动模块版块，要配以图片和视频，以增加可视化和形象性
要求二	要全面展示自身的特色。比如，餐饮企业可以用自己的 logo 或者招牌菜作为头像，同时在简介中对自身的特色进行简明扼要的阐述，让人很快就能了解这是一家什么样的餐饮企业
要求三	要让消费者容易找到。餐饮企业要将所在的地理位置放入昵称中，并在简介中写出具体的地址，同时给出电话号码等联系方式

图3-16　餐饮企业微博形象设计要求

比如，巴奴火锅是火锅业较早开通微博的企业。为做好微博营销，巴奴火锅专门创造了"小巴"这个人物形象，她是巴奴的服务员，勤劳、乐观、开朗、略带"萌"。发布一系列"小巴"在店内服务时听到、看到的段子，深受微博粉丝们喜欢。

3.创造有价值的内容

有价值的内容就是对微博用户"有用"的内容，能够激发微博用户的阅读、参与互动交流的热情。餐饮店微博的内容可以集中在以下几个方面。

（1）菜品推介。对本店的特色菜、新菜品进行介绍，还可以发布最受欢迎的菜品统计数据。

（2）促销活动宣传。对节假日、店庆日推出的促销活动进行宣传。

（3）信息预告。对店内餐位是否满员、门前的交通状况、本日打折菜品、新推菜品、售完菜品等信息通过微博进行预告。

（4）与消费者互动。如邀请消费者餐后参与微博点评、邀请粉丝参与菜品改良或新菜品设计、邀请粉丝评选本店最佳菜品等。

（5）品牌维护。对消费者的抱怨及时回复、说明情况，通过有效沟通维护企业的品牌形象。

4.互动营销游戏

在微博上搞活动真正符合微博拟人化互动的本质特征。只要产品有价值，没人能拒绝真正的"免费""打折"等促销信息，就很少有人会讨厌此类信息。常见的微博互动活动形态有以下几种。

（1）促销互动游戏。尽量多做与产品相关的互动性游戏，如秒杀促销、抽奖等游戏，吸引微博用户参与。

（2）微博招聘。节约相互了解的成本；直接在微博上进行初次"面试"；发挥人际传播的效应；低成本的品牌传播。

（3）奖励产品用户在微博发言。微博是一个真正的口碑营销的好方式。鼓励已经使用或试用产品的微博用户发表使用体验，并对这些用户给予一定的奖励。

（4）试吃活动。在微博上发起低成本的菜品试吃活动，活动结束期后鼓励试用者发布试吃体验帖子。

（5）慈善活动。条件允许的话可以自己发起慈善活动，或者积极参与微博其他用户发起的慈善活动。对小的餐厅来说，参与"微支付"的慈善活动并不需要付出很大的成本，却可收获很大的关注人气。

三、微博推广的方式

做微博推广最重要的就是有粉丝关注，没有粉丝就没有流量。餐饮企业可以通过图3-17所示的推广方式来获得更多粉丝的关注。

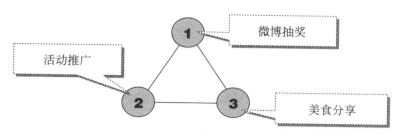

图3-17 微博推广的方式

1.微博抽奖

微博抽奖是很多微博用户乐此不疲的,而且这个抽奖活动的效果非常明显。只要菜品味道做得好,通过微博推广是可以很快将品牌推广出去的。

当然抽奖活动也是要讲究技巧的,比如激励用户转发并@好友即可获得抽奖机会,这样被用户@的好友就会看到企业的推广信息,然后实现二次传播,推广非常有力。

2.活动推广

餐饮企业可以借助节日的势头推出活动,例如优惠券派发、周年庆等活动,通过这些活动来吸引粉丝领取优惠券,提高互动,为门店带来更多的客流量。

3.美食分享

美食分享是非常容易引起粉丝共鸣的,通过微博博文有规律地给粉丝分享美食,比如美食文化、美食的制作方法等,这些都是非常诱人的。通过这些分享能够增强粉丝黏性,发展更多潜在客户。

四、微博推广的技巧

每逢节假日,不少酒店、餐厅都策划了精彩纷呈的活动、情侣套餐等。然而在微博推广方面,不少餐厅的推广方式单一、缺乏新意,效果并不理想。那么餐饮企业应该如何做好微博推广呢?可参考图3-18所示的技巧。

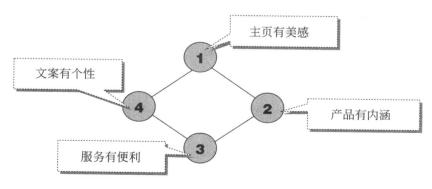

图3-18 微博营销的技巧

1.主页有美感

微博的特点是"关系""互动"，因此虽然是企业微博，但是也切忌办成一个官方发布消息的窗口那种冷冰冰的模式。要给人感觉像一个人，有感情、有思考、有回应、有自己的特点与个性。

微博网络账号的主页一定要做好，既要美观、有设计感，又要符合品牌定位，这是最为基本的要求。

比如，在情人节来临之前，可以编辑一些与情人节相关的文章，专题版块鼓励原创内容，可以更加醒目，吸引用户关注。也可以制作与情人节相关的网站对联、爆笑弹窗、搞笑FLASH、搞笑小视频等。如果条件成熟，还可以考虑把整站的CSS背景换掉，让顾客能感受到节日的温馨气息，从而流连忘返。

2.产品有内涵

很多企业会存在一个误区，认为网络营销就是打折打折再打折，认为打折就可以提高销量。而事实上，网络营销过程中，情感的价值远远超过折扣，用户沉浸在节日的气氛中，沉浸在浪漫的气息中，而所有这些因素都不是由价格来主导的。此时我们要考虑的是如何让产品承载感情。因此我们要做的不是一味地打折，而是挖掘产品的内涵，让它承载着更多情感成分，而非价格与折扣。

3.服务有便利

为了方便消费者，餐饮店可以推出微博订座、微博团购等便捷服务，并在官方微博和店内的显眼位置告知消费者本店已推出该项服务。这样消费者有需要时，即可发私信给餐饮店确定订座人数、到店时间和大致消费金额等内容。餐饮店再根据当日整体订座情况在微博里向消费者发布订座详情，诸如几号台、哪个包间和领班经理的名字等。

小提示：

餐饮店可以对通过微博私信订座者提供适当的打折优惠、赠送菜品等措施，促使消费者使用微博订座服务。同时餐饮店也可定期推出微博团购活动，以吸引更多的消费者前来消费。

4.文案有个性

微博用户都是以休闲的心态来使用微博的，因此餐厅微博营销的内容上应尽量轻松幽默，给人很有趣的感觉，比如语言上尽量诙谐幽默、回复生动有趣，这样让粉丝本能地愿意去关注餐厅的微博，对增加品牌的亲和力也很重要。总之抓住人性的特点和交流的技巧，才可以让餐厅的微博更受欢迎。

现在微博内容虽然不限制字数，但是枯燥的内容越少越好，10个字能说清楚的问题就不要拖长到11个字。同时配以图片和视频也是化解枯燥乏味的好办法，人们本能地对视觉图像有兴趣，因此餐厅在进行微博推广时配上对应的图片或视频更容易吸引粉丝的关注。

第五节　抖音推广

抖音上的内容呈现方式很多和小品、相声、脱口秀、吐槽大会、笑话大全等都是一样的，它可以说是在当下流行趋势和年轻人的精神需求下应运而生的一款产品。抖音基于粉丝效应，同时具有社交属性，很适合餐饮企业做推广。

一、抖音制作的技巧

抖音自带传播属性，这对餐饮企业做推广来说，不仅成本低，而且速度快，能在很短时间内达到意想不到的效果。那么，如何才能制作出好看的内容来吸引消费者呢？技巧如图3-19所示。

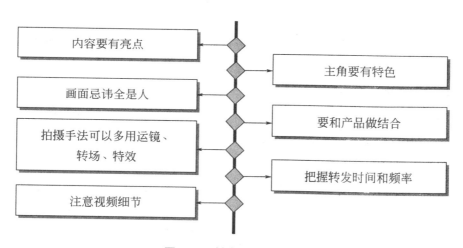

图3-19　抖音制作的技巧

1.内容要有亮点

有亮点的内容被分为5大类，分别是：从未看到过的、期待看到的、比期待更好的、与期待反差极大的、消费者可以记住的。

2.主角要有特色

拍摄一条有亮点的内容离不开主角。主角不一定是美女或帅哥，而漂亮精致的外表、热情开朗的性格、萌宠或萌物都具备了足够吸引用户的特征。

比如"黑河腰子姐"操着一口正宗东北话、带着朴实爽朗的笑容，用一句"来了老弟"为她的门店带来了143.8万粉丝，近1000万的点赞数。

有人可能会觉得帅哥美女能吸引注意力，实际上，一个"不可貌相的内在"同样具有魅力。

3.画面忌讳全是人

当然如果过度依赖人物拍摄，"整个画面从头到尾几乎全是人"，效果会适得其反，最终只能餐厅自娱自乐。

4.要和产品做结合

在任何平台上做营销，都不能脱离产品。奇特的产品就是不错的传播点，可让顾客在消费的过程中参与产品的个性化组合搭配。

比如，在杭州有一家店叫做"老纪蚝宅"，主打高压锅蒸生蚝，正如名字一样，这家店里的服务员直接端着高压锅上桌，在顾客面前将冒着腾腾蒸汽的锅盖打开露出生蚝，顾客需要用专用的小刀将生蚝撬开，蘸料吃。

抖音的火爆直接带来了生意的火爆：这家店每晚都在排队，而且在短短2个月内，"老纪蚝宅"就冲进了杭州夜宵四强。

5.拍摄手法可以多用运镜、转场、特效

好的拍摄手法在用户感官和体验上也会为抖音视频增加不少亮点。如果条件允许的话，商家不妨多用运镜、转场、特效等手法来美化视频。

6.把握转发时间和频率

在抖音发布频次和时间上，商家每周应至少发布一次，能一周发布两次更好，而中午12点左右或晚饭以后是相对合适的发送时机。

7.注意视频细节

即使有了亮点内容，如果不注意资料完整性、文字说明等影响流量分发的重要因素，传播效果也会大打折扣。

总的来说，从传播学的角度，一个具备亮点的内容可以促使用户去自觉传播，主动参与话题。

二、抖音推广的模式

抖音的用户互动性极高，因此特别适合营销活动的传播和扩散。通过图3-20所示的推广模式，抖音已经成为一项重要的餐饮品牌推广渠道。

1.制造传播热点

抖音的用户互动性极高，因此特别适合营销活动的传播和扩散。一旦制造一个传播热点出来，就会引起疯狂的转发和传播。

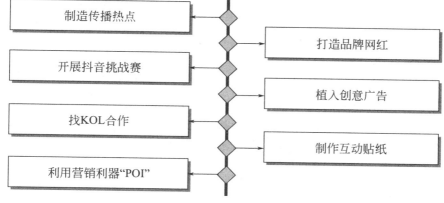

图3-20　抖音推广的策略

比如，关于海底捞的"神秘吃法"的爆红，一位网友在抖音上传的一个视频使得"海底捞番茄牛肉饭"成了网红吃法。之后就有越来越多的海底捞吃法被创意十足的网友开发了出来，各种充满参与感和创意的餐饮消费模式也容易被模仿，所以一下子就为海底捞带来了海量的线下转化的流量。

2.打造品牌网红

如果你问一个经常刷抖音的人："你为什么看这个？"他的回答不外乎：好玩、新鲜、搞笑、有漂亮的小姐姐和小哥哥……所以，包装网红店员也是不错的选择，但是这个人物形象的定位最好要清晰，以建立出自己的餐饮品牌IP，以品牌人格化来聚集用户群体和增加粉丝黏性。

比如，"跳舞拉客"西塘小哥哥以自由不羁的舞蹈方式，加上搞笑的说话风格，凭借一己之力，就给自家菜馆带来超高的客流量，也带火了一整条街。

3.开展抖音挑战赛

"挑战"类活动是抖音为企业提供的独特的营销模式，这种方式号召抖友们以一首歌或其他形式参与短视频的比赛，从而传播品牌，获得消费者好感。抖音每天都会更新不同主题的挑战，将时下热点和短视频相结合，不仅能够激发用户的创作热情，也更容易借热点进行内容传播。

比如，巴奴毛肚火锅曾在官微上征集#吃毛肚的最佳姿势#，吸引了众多网友的参与。而海底捞主题为"#海底捞#挑战赛"的活动更是吸引了1.5万人参加，引发超过200个相关吃法挑战赛，海底捞线下门店引流增长10%、虾滑和豆腐泡的订单量增加17%。

小提示：

挑战赛能否火起来，主要看两点：一是内容足够好玩，使用户印象深刻；二是低门槛，用户容易模仿，传播造成的裂变效应明显。

4. 植入创意广告

很多餐饮品牌会选择在抖音上投放硬广以达到推广作用，但是硬广最大的问题在于内容不够有趣，反而会让用户反感，得到相反的效果。但是如果能在视频中植入创意广告，效果就另当别论了，既能保证用户看了不反感，也可以做到广告即内容的效果，让广告本身降低违和感，不过这对内容制作者的脑洞要求较大。

比如，江小白的一个视频是"他们非要我喝西瓜汁的时候酷一点"，把西瓜本身作为容器，把果肉捣碎变成果汁，加入冰块和江小白，插上水龙头。

这条贴近用户生活场景的广告获得了12.8万的点赞和2200多的评论。

5. 找KOL合作

KOL（Key Opinion Leader，关键意见领袖）通俗来说就是网红。网红自带流量，寻找到与自身品牌契合度高的网红来做抖音宣传，效果事半功倍。根据《抖音企业蓝V白皮书》数据显示，有KOL参与的企业蓝V视频，条均播放量明显更高。

通过KOL来植入广告有几个好处：一是观众不反感KOL的软性植入；二是"借"到了KOL在粉丝中的影响力，传播效果会更好；三是由KOL来构思创意植入，视频内容可以和产品特性做衔接，达到品牌露出的目的。

比如，自助形式的餐厅可以请"大胃王"人设的KOL来合作；以辣味著称的餐厅，请喜欢吃辣的网红。

6. 制作互动贴纸

抖音上可以实现为商家进行创意贴纸定制，用户在拍摄视频时，可在贴纸栏下载品牌定制的抖音贴纸，其中包括2D脸部挂件贴纸、2D前景贴纸等。这种方式最大的优点是让用户主动参与其中。

比如，必胜客曾策划#DOU出黑，才够WOW#的主题活动，用户在参与挑战视频制作时，可随意运用含有必胜客元素的贴纸丰富视频内容。

7. 利用营销利器"POI"

最近抖音又推出了一项新功能"POI（地理位置）"，可以说又成为餐饮商家营销的一大利器。POI功能可以让企业获得独家专享的唯一地址，呈现方式就是抖音视频中的定位图标。商家的视频只要添加了POI信息，用户就可以一键跳转到该店铺的主页，相当于进入该商家在抖音上的门店（POI详情页），可以了解店铺地址、客单价等信息，收藏种草、领取优惠卡券等。

简单来说，POI对于餐饮商家的营销价值在于，建立起了线下门店与线上用户直接互动沟通的桥梁，提升转化效率，有效为线下门店导流。

比如，上海餐饮商家联合推出的"跟着抖音，嗨吃上海"活动，上面就使用了POI功能。一家做烧烤的店（仅晚上营业），在活动期间，上海本地用户在线上共领了2.7万张券，实际核销数372桌，每天全场满座翻台4次，抖音为其带来了85%的客流。

> **小提示：**
>
> 　　实际上上面七种策略也并非是单独割裂的，在一个成功的抖音推广案例中，要综合运用多种策略才能达到最好的效果。

三、抖音推广的策略

　　现在利用短视频做营销是企业（不论规模大小）的必备技能之一。抖音已成为餐饮企业必须尽早面对而且要尽快加以重视的营销平台。因此餐饮企业可以参考图3-21所示的策略来做好抖音平台的推广。

图3-21　抖音推广的策略

1.蹭流行因素

　　众所周知，每年都会有层出不穷的神曲出现，并迅速地在年轻人中传播开来，一个餐饮类的小视频加上一首当下最流行的歌曲，可以让人不自觉地将自己的情绪代入，从而起到"二次宣传"的作用。

2.运用夸张手法

　　比如，用饮水机煮火锅，或用一根鱼竿钓出一头大鲸鱼。

　　运用这样夸张的镜头和画面吸引人的眼球，加深品牌在用户脑海里的印象。

3.剧情反转

　　顾名思义，剧情反转就是将两个不同状态的故事嫁接在一起。

比如录一桌子的山珍海味、满汉全席，最后发现原来只是电脑桌面的壁纸，而自己吃的是泡面。

这样的剧情反转营销是先让用户感到期待，再给用户看到真相，抓住他们的心理起伏。

4.展示绝活

比如曾在抖音爆火的土耳其小哥哥，售卖冰淇淋的他如同杂技高手，玩耍着手中的长勺，故意逗趣让顾客接不到冰淇淋而开怀大笑。

将这样的小技巧小绝活加在餐饮中进行展示，也会是一个高附加值的亮点。

5.现场教学

摆脱传统的书本学习方法，利用短视频演示一个美食制作小窍门，或是一个美食制作小知识，生动易懂，而且不用花费太多的成本，就能提起用户的兴趣。

6.DIY食物

简单的搭配，DIY出不一样的食物，给人意想不到的惊喜，当用户自己试着DIY出一份属于自己的小食物时，自然也愿意拍个抖音留下这值得纪念的一刻。

7.形式创新

为美食增加一个故事、一个文案。

比如，奶茶广告"你是我的优乐美"，故事和文案都很简单，却深入到观众的心里，引起观众情感上的共鸣，进而起到自愿传播的效应。

第六节　节假日促销推广

节假日期间全力吸引消费者的注意力、做大做活节假日市场，已成为各大餐饮企业每年促销计划中的重中之重。如果能够真正把握节假日消费市场的热点和需求变化趋势，制定符合目标市场的策划方案，必能获得可观的回报。

一、全年主要促销节日

节日促销就是指在节日期间，利用消费者的节日消费心理，综合运用广告、公演、现场售卖等营销手段，进行的产品、品牌的推介活动，旨在提高产品的销售力，提升品牌形象。

每年365天的节日是一样的，通过图3-22所示的365天节日循环图，可以看到每个季节主要的节日。

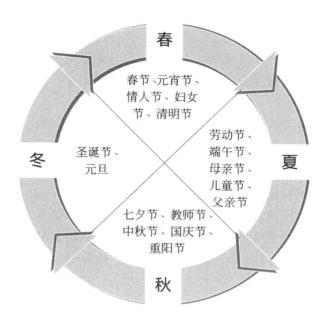

图3-22 365天节日循环图

二、中国传统节日促销技巧

随着国家的一系列政策出台，中国的传统节假日已日益增多，较为大型的节假日有春节、清明节、端午节、七夕情人节、中秋节、重阳节、国庆节等。餐饮企业可以抓住重大节假日，开展与重大节假日有关的经典餐饮促销活动。

餐饮企业可通过相应的设置，宣传有关传统节假日的文化典故，组织策划有关节日的专题促销活动，并推出各种主题菜品，深化人们对中国传统文化的认识。

1.春节年夜饭促销

近年来，已有许多家庭不愿让终年忙碌的母亲连过年都不得空闲，所以选择到餐厅享受精致美味又省时省力的年夜饭。鉴于除夕夜外食人口激增，可大力推行除夕年夜饭专案的促销活动，以各式烹调美味的时令佳肴与象征好彩头的菜肴名称，营造出除夕夜年夜饭欢乐温馨的气氛。

> 🔖 **小提示：**
>
> 如今春节年夜饭的预订启动时间越来越早，一些餐厅在10月份就开始接受预订，有的顾客甚至在吃年夜饭时就把来年的年夜饭订下来了。所以餐饮企业应注意提前做好宣传工作。

2. 端午节促销

自从端午节定为法定节假日开始，不仅给了大家一次聚会的机会，同时也给餐厅提供了一个好的促销机会。餐厅在端午节期间搞促销、推新菜、亮绝活，让人们在短暂的假期享受盛宴。

端午节小长假，餐厅精心准备创新菜品迎佳节，其中龙舟赛、鱼嬉汨罗、五谷丰登、神龙闹江等创新菜品的"端午宴"，增添了浓厚的传统文化气氛，令食客耳目一新。

比如，某民俗协会为全面展示地方特色小吃，于端午节的当天，在该协会办公地点为游客精心准备了50道地方特色小吃，以供品尝。

端午节期间除了推出端午特价菜外，当天来就餐的顾客，每桌可免费品尝粽子，或赠送香袋，并在端午节当天安排了两场别开生面的手艺表演，现场的客人可以一边享受美食，一边在民间艺术家的手把手教授下，亲自感受艺术的不俗魅力。

3. 七夕情人节促销

七夕节来自于牛郎与织女的凄美传说，被浪漫之人称作中国人的情人节，借助这个浪漫的节日，各界商家纷纷推出了促销活动，餐饮企业也不例外。

每到七夕，许多餐饮企业纷纷出手，推出"寓意菜"。

比如，全聚德根据七夕穿针引线"乞巧"的民俗讲究，推出了包括蒜茸穿心莲、五彩金针菇、湘彩腰果虾球等菜肴在内的七夕乞巧套餐，寓意祈福一年"心灵手巧"，在工作和爱情上得偿所愿；有的酒楼则为菜品讨了个吉祥名，如糖溜卷果取名"甜甜蜜蜜"，鲍鱼菜心取名"心心相印"等。

4. 中秋节促销

农历八月十五是我国传统的中秋节，也是我国仅次于春节的第二大传统节日。八月十五恰在秋季的中间，故谓之中秋节。我国古历法把处在秋季中间的八月，称谓"仲秋"，所以中秋节又叫"仲秋节"。

在中秋节来临之际，各餐饮企业可以结合自己的实际情况和中国传统的民族风俗，推出各具特色的促销活动，以达到经济效益与社会效益双丰收。

5. 重阳节促销

重阳节当天，很多餐饮企业将为到店就餐的老年人提供独享礼遇。

比如，为60岁以上老人免费提供一道传统风味菜，向70岁以上老人赠送特色甜点，为到店用餐老人优先安排餐位，赠送店里特制重阳果、菊花茶和重阳糕等。

餐饮企业可以推出适合四五人食用的小型家庭重阳宴，为预订重阳宴的顾客专门准备寿桃，向提前预订重阳节包桌的顾客免费赠送麻婆豆腐一份。重阳节当天，消费满一定金额还可以获赠重阳饼一份。

小提示：

餐饮企业要针对老年人的口味和特点推出不同风味的老年宴席，注意荤素搭配、膳食营养合理、价格适中。

6.国庆节促销

国庆节是国家法定节假日，也是所谓的旅游黄金周。绝大部分的企业都会按这个时间放假，这也为餐饮企业提供了一个很好的促销机会。在这个机会面前，餐饮企业主要是提高市场占有率，增加来客数。

三、西方传统节日促销技巧

如今的年轻人热衷于过节，不仅过中国的节日，西方的节假日也不会轻易"放过"。比如遇上圣诞节、复活节、情人节、母亲节、父亲节、万圣节、感恩节时，他们都会相聚在一起欢度节日。

针对西方节假日搞促销，餐厅一定要抓住文化特色主题，介绍西方文化内容，才能吸引消费者。

1.西式情人节促销

2月14日是西方一个较浪漫的节日，餐饮企业可以利用这个节日推出情人节套餐，促销"心"形高级巧克力，展销各式情人节糕饼，特供特制情人鸡尾酒等。同时还可以举办情人节舞会或化装舞会等各种文艺活动。

比如，××餐厅在情人节就搞了一个名为"情人玻璃瓶"的主题活动：向顾客提供彩色玻璃瓶，情人们可以把爱情蜜语写在纸上，然后塞进瓶里，再用丝带绑好送予对方。这样的促销活动成本较低，然而效果却很好。

2.母亲节促销

每年五月的第二个星期天是母亲节。近年来，母亲节越来越受到世界各地人们的重视，母亲节也成为各大商家借风使力的一个促销商机。餐饮企业也不例外，借着母亲节来临之际，纷纷大搞促销活动。如果餐厅能迎合顾客需求，能帮助顾客在母亲节表达自己对母亲的爱，相信会有很多的顾客愿意带母亲来餐厅过母亲节。

小提示：

五一节与母亲节相距很近。餐饮企业可以将五一节与母亲节的促销活动安排在一起。

3.父亲节促销

每年6月的第三个星期天是父亲节，餐饮企业可利用当天中午和晚上做全家福自助餐或全家福桌菜来进行销售。

在父亲节可以采用以下促销方式：推出父亲节特色套餐；家庭就餐，免掉父亲的单；家庭就餐，赠送全家福（也可以是其他的联合方式）；现场DIY为父亲献厨艺等。

4.圣诞节促销

虽然圣诞节不是中国的传统节日，可是随着中西方文化的交流融合，圣诞节也成了最受欢迎的节日之一。许多餐饮企业也会纷纷锁定节庆用餐潮，推出各具特色的圣诞促销活动，通过独特的主题色彩、环境布置、活动安排强化本餐厅与众不同的餐饮卖点。

比如，上海有一家餐厅，在圣诞节与元旦期间，都会推出丰富多彩的特殊促销活动，不论是二人共度一个柔情蜜意的甜美圣诞，还是亲朋友人欢聚一堂同庆佳节，该餐厅都能使消费者的圣诞节过得多姿多彩。在圣诞促销活动中餐厅还特备风味别致的"圣诞年糕"，每份仅收费1元。如今这家餐厅在上海的人气非常高，经常都是座无虚席。

圣诞节是个特殊的节日，为了做出符合节日氛围的活动，许多餐饮企业都会进行简单的圣诞装修，除此之外还会打造一些圣诞浪漫大餐、圣诞儿童餐等新品套餐。这种节日普通的优惠活动也许已是俯拾皆是，这时专注于菜品创新上往往会更容易受到食客的欢迎。

比如，"哈根达斯"的冰淇淋在冬天销量惨淡，最后大胆推出"冰淇淋火锅"，将冰淇淋放入火锅中加热，然后用各种水果蘸着吃，最终的效果异常好。

> **小提示：**
>
> 餐厅在圣诞节期间促销，可以推出圣诞节礼盒、圣诞节套餐、火鸡大餐、经典圣诞节点心等。

四、国际性节假日促销技巧

元旦、五一劳动节、六一儿童节、三八妇女节，这些都是国际性的节假日。在这些节假日中，餐饮企业可根据不同人群的需要，开展相应的促销活动。

1.元旦促销

元旦又被称为"新年"，指每年公历的1月1日，是世界大多数国家或地区的法定节日。

元旦的"元"是开始、最初的意思；而"旦"表示太阳刚刚出地平线之际，也就是一日的开始。故"元旦"就是指一年之初、一年的第一天。

餐饮企业可以借助元旦假期机会推出新品，以"辞旧迎新饭"作为重头戏；也可以以滋补类、营养保健类菜品作为主打菜；或者推出新年海鲜自助大餐，为顾客提供乐队伴宴和惊喜新年大礼，顾客在消费的同时还免费享受啤酒、饮料等。

2.妇女节促销

三八妇女节是全世界妇女共欢乐的日子，随着世界的不断发展与进步，女性地位越来越高，经常出差的女性工作者也很多，女性消费也在逐年增加。在三八节这个特殊的节日，餐饮企业更应该为住店女性送上一份礼物。

比如，可以邀请周边小区常客来店里搞一个"厨艺比拼"；或者由店里厨师亲自操刀，办一个"快乐煮妇"烹饪培训活动；如果条件允许，也可以请养生专家到店里为大家讲解一下养生常识……

3.劳动节促销

五一国际劳动节是世界上80多个国家的全国性节日。定在每年的五月一日。它是全世界劳动人民共同拥有的节日。为抓住这一难得的机遇提升销售，树立良好的餐饮企业形象，增强餐饮企业与消费者之间的亲和力，稳定客群，各餐饮企业也在此节日纷纷推出各种促销活动。

4.儿童节促销

如今随着生活水平的提高，加之大多数家庭都只有一个孩子，所以父母对于孩子的节日越来越重视。因此餐饮企业可以推出形形色色以儿童为服务对象的主题套餐。

> **小提示：**
>
> 小朋友都喜欢热闹，所以对于儿童节的促销不能仅仅局限于宴会，需要举办各式各样的活动，提高参与性。比如儿童画画比赛、亲子活动等。

五、季节性节假日促销技巧

对于季节性节假日，餐饮企业的促销活动应当借题发挥，突出节日的气氛。餐饮企业可以在不同的季节中进行多种促销。这种促销可根据消费者在不同季节中的就餐习惯和在不同季节上市的新鲜原材料来策划促销的菜品。

即使没有节假日，餐厅也应当根据季节做出适当的促销。

比如，在酷热的夏天推出特价清凉菜、清淡菜，在严寒的冬天推出特价砂锅系列菜、火锅系列菜以及味浓的麻辣菜等。

六、职业类节假日促销技巧

职业类节假日，包括教师节、秘书节、记者节、护士节等职业类的节假日，这些节假日往往为某些特殊职业的从业人员而设，餐饮企业可以在这样的节日中，通过开展主题餐饮活动联络与这部分消费者的感情。

七、特殊时段促销技巧

特殊时段主要包括的是：高考期间、年终期间、暑假期间。在这些时段内，餐饮企业可以推出高考餐饮促销活动、各类宴会、暑期儿童套餐等，以此吸引不同阶层消费者的注意。

第四章

连锁餐饮加盟

导言

　　加盟经营对于连锁餐饮企业是一把"双刃剑"，如能用之长处，杜绝漏洞，总部与加盟方会共同获利，达到双赢。因此连锁餐饮企业在实际管理中，就应把握好尺度，真正用好加盟这种经营方式。

第一节　加盟计划管理

　　连锁门店的开发是指连锁企业开设新店，拓展企业经营区域和服务范围，提升企业规模，从而扩大效益的经营行为。为确保加盟活动的顺利进行，连锁餐饮企业应制订出适合本企业的加盟计划。

一、加盟计划的内容

　　加盟计划的内容如表4-1所示。

表 4-1　加盟计划的内容

序号	项目	说明
1	年度方针	确定加盟商发展数量及质量方针、确定主要发展地区和城市方针、确定主要发展加盟商类型方针、确定主要加盟形式方针等
2	年度目标	确定加盟开发的具体数量、进度、质量要求
3	加盟相关费用收取计划	确定年度加盟金、保证金等各种费用的收取计划
4	开发费用计划	加盟开发的各项费用开支计划，如差旅费、广告费、招待费、会务费等
5	广告宣传计划	针对加盟招募的广告宣传计划
6	资金计划	确定年度内的资金使用计划

二、加盟计划的管理流程

加盟计划的管理流程如图4-1所示。

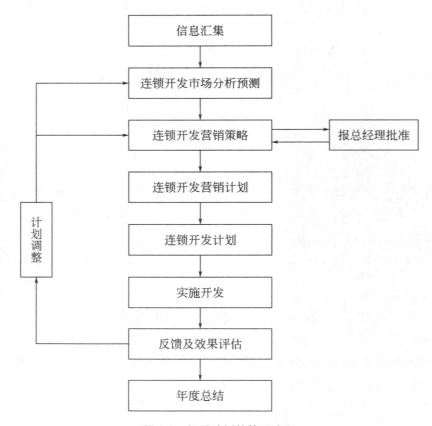

图4-1　加盟计划的管理流程

三、加盟计划管理要领

市场开发管理的目标是掌握市场信息，适时调整特许经营方式，开拓市场，抓住投资者需求，提高市场竞争能力，沟通企业与社会、企业与加盟商的关系，提高企业和加盟商的经济效益。

1.原则

市场开发以双盈为原则、以服务为根本，在保证发展质量的前提下，力求以较快的开发速度迅速占领全国市场，确立品牌生命第一、加盟商第一、开发质量第一、服务第一理念，力求实现顾客、加盟商、盟主三得利。

2.市场预测

市场预测是经营决策的前提，对市场需求状况、竞争情况和市场覆盖状况要作全面的了解分析，并掌握下列各点。

（1）了解全国投资需求情况和投资工具种类及销售情况，分析饱和程度和投资市场结构。

（2）了解加盟者对投资额、投资利率和投资风险的需求情况。

（3）了解增加新的投资品种，满足投资者要求的可行性。

（4）了解竞争情况，做到知己知彼。

同时要预测国内各地区开发潜力，确定年开发数量规模的总体计划，并且收集国外各连锁经营企业的新方式新方法情报，确定开发方向。

3. 经营决策

根据企业中长期规划和企业能力状况，通过预测市场需求情况，进行全面综合分析，由开发部提出初步的年度营销策略，报总经理审查决策。

4. 制订经营计划

依据年度开发方案与开发人员一起制订季度开发计划、地区开发计划。

5. 组织开发的实施

（1）组织开发人员进行加盟商开发工作。

（2）监督指导开发人员开发工作。

6. 反馈和效果评估

依据开发中的信息反馈，对营销策略和开发计划进行评估，评估结果不满意的，要分析原则，制定整改方案。

7. 计划调整

确实因为内、外部环境改变资源受限，无法完成预定计划的，相应调整营销策略和开发计划并报总经理批准。

8. 年度总结

年度末对年度经营情况进行总结，报总经理批示，并把结果作为下一年度营销策略和开发计划的参考依据。

第二节　加盟招募管理

连锁企业应把招商作为一项需要长期规划的工作来做，只有真正了解市场、了解加盟商，针对项目市场设计科学的加盟商发展规划，采用专业的方法和流程，才可构建起有益于企业发展的连锁组织管理体系，使加盟商与连锁企业合作共赢。

一、采取合适的加盟招募方式

连锁加盟是企业在线下拓展市场必不可少的路径和方法，这就需要连锁企业能找到靠谱的加盟商。目前加盟招募的常用方式有图4-2所示的几种。

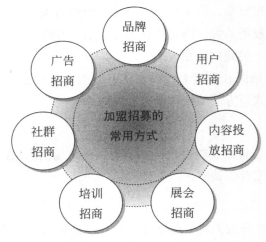

图4-2　加盟招募的常用方式

1.品牌招商

用抢占用户心智的定位，加上饱和攻击的方式在央视、分众等强势渠道做广告。

比如，"鱼你在一起"在央视的投放，招商就非常成功。

（1）优势。加盟商资源丰富。

（2）劣势。需要砸大钱。

2.用户招商

通过用户招商，这需要企业的产品或者服务口碑极致，拥有一大批忠粉，通过在自己的公众号发布招商信息，把部分用户转化成加盟商。

比如，雕刻时光咖啡馆招商方式就是采取的这个方法。

（1）优势。成本低，见效快。

（2）劣势。考验筛选加盟商的能力。

3.内容投放招商

通过内容投放招商，这需要企业拥有内容人才，选择合适媒体渠道制定不同的内容去招商。

（1）优势。成本相对较低，加盟商比较精准。

（2）劣势。门槛相对较高，需要懂内容和媒体

4.展会招商

国内质量最高的展会是中国经营连锁协会盟享加主办的展会，盟享加中国特许加盟

展自1999年成立以来由中国连锁经营协会主办，协会拥有会员企业1000余家，包括特许加盟企业、本土和跨国零售商、供应商等，每年发布《中国特许连锁百强》报告，推动特许经营政策标准制定与实施。60%以上特许百强企业选择盟享加中国特许加盟展作为企业拓展、形象塑造平台。

比如，肯德基、福奈特、全聚德、永和豆浆、汉堡王等数百个国际、国内知名连锁品牌就是伴随展会而成长壮大的，连锁店铺遍及全国。

连锁餐饮企业可以报名参加，通过展会来吸引优秀的加盟商。

（1）优势。见效快，适合单店加盟模式。

（2）劣势。不好把控成交率，需要专业的招商团队。

5.培训招商

把行业的干货梳理成课程体系，邀请行业专家授课，在课程上进行转化，特别适合招募老店改造升级的加盟商。

（1）优势。把乙方变成甲方，转化率较高。

（2）劣势。对团队要求极高，需要具备课研能力。

6.社群招商

根据企业对加盟商的精准画像，匹配各个行业社群、产品社群合作，参加线下活动进行招商。

（1）优势。成本较低，加盟商裂变快。

（2）劣势。需要官方支持，社群KOL（Key Opinion Leader，关键意见领袖）强力背书。

7.广告招商

通过投放中国加盟网、前景加盟网等商机网站，或者通过搜索引擎获取加盟商线索。这首先需要连锁餐饮企业能设计出自己的官网，在官网上公布相应的招商信息。其次，要求团队具备较多的招商人员。

（1）优势。效果快。

（2）劣势。招募的加盟商趋利，价值观难以趋同。

 相关链接

连锁餐饮企业广告招商的技巧

1.客观实在

招商品牌总是想把自己的产品夸成一朵人见人爱的花，所以有时不免有些夸大。

但不要忘记，你的广告是做给业内人士看的，你想吸引来的也是该行业内的优秀人士，这样才能使你的产品或项目迅速推广。既然都是有心人，品牌宣传就更要客观实在。

对于利润的分析要实事求是，把自己的产品特征、竞争力、利润空间讲清楚，至于市场空间，尽可能引导经销商自己去核算，因为他们对自己所处的区域市场最了解。在客观实在的基础上，还要讲究说服力。可以通过该产品获得的荣誉、认证、取得的市场业绩，来赢取加盟商的信任。

2.一目了然

相对于品牌形象广告、企业形象广告而言，连锁加盟广告的理性成分很强，因此在广告创作上，要让人一目了然，在第一时间就能把握住广告的核心。一般情况下，广告的主标题或副标题中，要体现出产品名称和招商目的，这样才能筛选出目标客户。广告正文要对产品及项目有明确介绍，遮遮掩掩只能让人疑窦丛生。同时还要考虑到广告发布的环境，让自己的广告从众多的广告中"跳出来"。如果在招商专刊（专栏）中做广告，再在广告中突出"招商""诚征加盟"等字样实在没有必要，而是要突出产品或其他内容。如果在非招商专刊（专栏）做广告，则招商性质要鲜明，以免错过目标客户。

3.优势清晰

因为招商广告只是与加盟商的第一次沟通，达到的目的只是让目标客户对该活动产生兴趣，并了解该产品及项目的最诱人之处，其他一些方面（如营销策略、经销方案、利润分析等）要在招商会上讲解或在详尽的招商手册中阐述。因此招商广告诉求点应少而精，突出自己的与众不同之处。如产品属于高科技、更新换代之列，应突出诉求产品优势，如营销方案、广告支持等方面十分突出，也可以作为主诉求。总之不能人云亦云，把优势淹没在毫无特点的文字之中。

4.创意精巧

连锁加盟广告虽然偏重于理性诉求，但精巧的创意绝对不可缺少。因为创意精巧的招商广告能让加盟者第一眼就发现你，有读下去的兴致，同时也展示了企业市场推广的综合水平和创新能力。

广告的创意要为广告的主旨服务，不能离题太远，也不宜太前卫，要把握好直观与含蓄之间的分寸。好的招商广告能让加盟者过目不忘，产生近距离认同感。这种认同感是建立厂与商之间良好关系的最好基础。

二、制定标准的加盟招募流程

无论做什么事都是有一个流程的，根据流程来办事，效率更高。对于连锁企业来说，面对形形色色的加盟商，更需要制定一套适合自己企业的加盟流程来约定、规范加盟招募工作。连锁企业可以借鉴图4-3所示的要点，来制定自己的加盟招募流程。

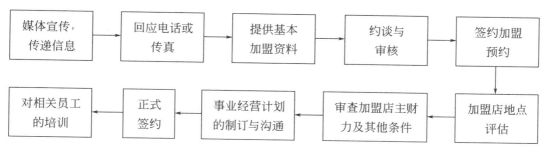

图4-3 加盟招募流程

1.媒体宣传，传递信息

在这一阶段主要以信息传达为主，把招募加盟店的开发地点及基本信息传给大众，如同前面招募方式中所讲的，以不同的媒体或方式将招募信息传递给有意加盟者。

2.回应电话或传真

连锁加盟企业多半设有专线电话或传真号码，以供有兴趣的人索取资料，除此之外也备有书面或口述材料，由专人提供解答，但一般都是仅就初步加盟状况做解说，因为这个步骤是为了回应有意加盟者，并且对加盟者作初步过滤。一般加盟广告并不能很清楚地说明细节，有些企业甚至提供24小时电话语音资料说明。

3.提供基本加盟资料

如果加盟者符合基本要求，企业一般会提供较完整的书面资料以供参考，同时会要求与加盟者约谈，或邀请其出席连锁加盟企业的说明会。虽然电话或传真能提供比招募广告更详细的资料，但是经过初步过滤的有意加盟者，可以由邮寄获得完整的书面资料，甚至包括加盟申请书。

4.约谈与审核

由于很多加盟店主的特点通过电话或传真不容易判断，所以在约谈中观察加盟店主是所有连锁加盟企业不可缺少的步骤。

约谈方式有个别约谈、团体座谈，甚至包括模范门店参观。在约谈时，许多对加盟店主本身的审核观察，也会在这一步骤中进行。正式约谈的重点除了观察、了解加盟者的理念及状况外，最重要的就是使加盟者认清相关的权利和义务。

5.签约加盟预约

如果加盟申请者初步审核符合要求，但在竞争激烈的加盟行业，会有所谓"加盟预约"的签订，以确保加盟者不被同行抢夺。

6.加盟店地点评估

除了特许加盟制外，加盟店都需要拥有自有店面或承租店面，所以加盟店必要的审查条件包括加盟店地点评估。

加盟店的营运成功与否，加盟店地点是关键条件，加盟店的成败，会影响整个加盟系统的形象，所以在正式签约之前，一次或者多次到加盟店评估地点是必要的措施。加盟店的门店大都由加盟主物色，企业则提供针对公司商品的市场专业调查和获利评估，其中包括专业的商圈评估、各时段人口流动的差异性、竞争对手状况、消费者及人口分布与结构、交通状况、未来趋势等。

7.审查加盟店主财力及其他条件

一个优良的门店必须考虑门店本身、门店地点、资金、商品、人员5个条件。除了加盟店地点及加盟店主本人外，对加盟店主的财力及其他条件也必须一并考虑，但通常是以财务状况为主。加盟时自然需缴交一定金额的加盟金或权利金，之后有的企业则规定加盟主每月固定缴月费（也有按营业额抽成或直接供应原料或材料），除了一般财务条件审核外，有时也包括贷款及财务周转能力。

8.事业经营计划的制订与沟通

根据所做的各项调查，为成立加盟店做事业经营计划，事业经营计划中以人力及资金的安排与运用最为重要。

（1）人力安排及运用。国内的加盟店人员安排与管理，除了个别公司的特殊关系外，大都由加盟店自行负责，加盟总部只负责招募的辅导及加盟店人员的训练。由于一个合适的加盟店主，如果不能有效地雇聘、管理正职、兼职人员，就无法将加盟店经营得很出色，所以虽然人力安排的能力不是第一考虑，但是多半会有一套完整的安排程序，提供给加盟店主参考，并定期给予辅导。

（2）资金的安排及应用。加盟店的财务与总部基本上是分不开的，除了部分加盟店的收入必须先汇回公司，再由公司汇入加盟店的账户中外，加盟店大都是独立的财务个体。

9.正式签约

如果有意加盟者符合连锁加盟企业的各项条件，接下来就是讨论签约事宜，尤其对加盟店与连锁加盟企业总部之间的权利义务条件，必须经过认定签署。

10.对相关员工的培训

连锁加盟企业招募加盟店主，通常以具有相同或类似经验背景的对象为主，但也可招募缺乏经验但却具潜力的加盟者施以训练。一般可分为对加盟店所做的店主训练，以及对加盟店员所做的员工培训两种。如果加盟店主无法或不愿意参加训练，可以以此拒绝加盟。

 相关链接 ‹······

××连锁餐饮店加盟招募流程

一、加盟招募流程

提出申请	领导审批	审批营建方案	开业验收
了解情况	汇款	领取手册	填写验收报告
填写表格	参观样板店	接送培训人员	授予牌匾
搞市场调查	出具财务证明	组织培训	试营业
写可行报告	法律部审查	员工培训	策划开业活动
报送本部	签订特许合同	协调外派人员	邀请领导嘉宾
初步审查	签订其他合同	签订外派协议	正式开业
邀请考察	企业注册	外派人员谈话	餐导检查
实地考察	税务登记	运输配送物品	年检审验
洽谈事项	办卫生许可证	制作工装	
撰写考察报告	申报营建方案	邀请验收	

加盟招募流程

二、加盟招募作业内容及注意事项

加盟招募作业内容及注意事项见下表。

加盟招募作业内容及注意事项

序号	流程名称	加盟商工作	加盟总部工作	工作成果	注意事项	相关负责部门
1	招募宣传	熟悉连锁经营知识，阅读加盟招募宣传手册——《加盟商指南》，向加盟开发部咨询以明确加盟条件及加盟流程	以组织加盟招募说明会、直接拜访、媒体宣传、店面宣传等形式，分发加盟招募宣传手册——《加盟商指南》，宣传连锁经营知识，寻找有兴趣并且符合加盟条件的潜在加盟商	潜在加盟商名录、联络方法和基本经营情况信息以及对参与加盟的兴趣评价	注意潜在加盟商基本资料的收集，建立拜访机会，注意每一个宣传对象，至少使他们成为加盟的宣传者	开发部、公关部
2	提出申请	在确认与加盟总部理念一致，自身条件符合加盟要求的情况下，口头或书面向加盟总部的开发部门提出加盟申请	接收申请要求并记录申请者信息	加盟申请记录	真诚地对待每一位申请者。认真地回答申请者的提问	开发部
3	了解情况	进一步了解加盟总部情况	详细介绍加盟总部的情况，确保理念统一，初步审查加盟商是否符合加盟的基本条件，包括资金实力、所在区域、加盟利润目标、希望盟主提供的支持等，对于达到基本要求的申请者发给《特许经营申请书》	加盟商访谈记录	注意详细记录，以确保其他人员可通过记录了解全面情况	开发部
4	填写表格	按要求认真如实填写申请表格	指导申请者填写表格，并指导申请者组织加盟商评审材料和选址评审材料	加盟申请表		开发部
5	市场调查	对拟定开店区域进行市场调查	指导市场监督和市场调查	市场调查报告	要求真实、全面、准确	开发部

（注：序号2～5流程名称栏为"初步审查"）

续表

序号	流程名称	加盟商工作	加盟总部工作	工作成果	注意事项	相关负责部门
6	可行报告	依据市场调查、企业情况、选址情况和加盟总部情况进行可行性分析并撰写可行性分析报告	指导分析和撰写	可行性分析报告或不可行结论报告	要求客观公正以确保加盟商和加盟总部的整体利益	开发部
7	初步审查	报送本部	汇集材料，报送总部。包括《市场分析》《经营预测》《可行性报告》《企业法人营业执照复印件》《房屋产权证明或租赁合同》《银行资信证明》《申请方公司简介》《特许经营申请书》《申请人简历》、经营场所位置图和结构图等	通知研发部组织加盟商和选址评审，指导加盟商收集整理资料	加盟申请者信息档案	资料全面、格式符合要求、内容无遗漏	开发部、研发部
8		初步审查	等候审查结果	督促审查进度，通知申请者审查结果	审查结果通知，否决的注明否决理由，通过的发合同草案	快速、及时、有据	开发部、研发部及相关评审部门
9	复审	邀请考察	审阅合同，向加盟总部发出邀请考察函	接受邀请，组织考察	邀请函和日程安排表	注意安排好日程	开发部
10		实地考察	安排接待工作	实地考察工作	各项工作记录		开发部、投资部门、营建部门、营运部门
11		洽谈事项	洽谈合同相关内容	洽谈合同相关内容	各项工作记录		开发部
12		撰写考察报告	等待结果	资料分析整理，组织撰写考察报告	考察报告		开发部、投资部门、营建部门、营运部门
13		领导审批	接收复审结果通知	报请领导审批			开发部

续表

序号	流程名称		加盟商工作	加盟总部工作	工作成果	注意事项	相关负责部门
14	签约	汇款	汇款加盟金、保证金等	收款			财务部、开发部
15		参观样板店	参观样板店	组织协调加盟商参观样板店			开发部、样板店
16		出具财务证明					财务部、开发部
17		法律部审查	审查加盟合同	审查加盟合同			法律部
18		签订特许合同	签订特许经营合同	签订特许经营合同			开发部
19		签订其他合同	签订品牌使用许可合同、签订设备租赁合同、签订委托管理合同等	签订品牌使用许可合同、签订设备租赁合同、签订委托管理合同等			开发部
20	营建与培训	企业注册	加盟店工商注册	工商审批相关手续支持	加盟店营业执照		开发部
21		税务登记	加盟店税务登记		加盟店税务登记证		
22		办卫生许可证	申请办理加盟店卫生许可证				
23		申报营建方案	设计申报营建方案	接收申报			营建部门
24		审批营建方案		审批营建方案			营建部门
25		领取手册	领取各项相关手册	发给手册			开发部
26		营建指导		指导实施			营建部门

续表

序号	流程名称	加盟商工作	加盟总部工作	工作成果	注意事项	相关负责部门
27	营建与培训	报送培训人员	申报培训人员	协调人员培训计划			人力资源部、开发部
28		组织人员培训	组织人员前往总部培训	接待培训人员并组织协调安排培训工作			人力资源部、开发部
29		员工培训	进行店内人员培训	培训指导			人力资源部、开发部
30		协调外派人员	协调外派人员	协调外派人员			开发部、营运部、人力资源部、营运部
31		签订外派协议					营运部、开发部、人力资源部
32		外派人员谈话					公司领导
33		运输配送物品	接收	组织发运			开发部、配中心送
34		制作工装					
35		邀请验收	消防验收、食品卫生验收				
36	验收试营业	开业验收	协助验收	组织建筑、装修、装饰、家具、器皿、设备、人员、服务、菜品等的全面验收工作			营运部门
37		撰写验收报告			验收报告		营运部门
38		授予牌匾	领取	授予			营运部门
39		试营业	日常运营	监督管理	试营业评价		营运部门

续表

序号	流程名称		加盟商工作	加盟总部工作	工作成果	注意事项	相关负责部门
40	开业经营	策划开业活动					营运部门
41		邀请领导嘉宾					营运部门
42		正式开业					营运部门
43		督导检查					营运部门
44		年检审验					营运部门

三、加盟商评估

1. 加盟商评估原则

（1）业态适应。

（2）有发展潜力的商圈。

（3）选择友好店为邻、避开竞争店。

（4）选择交通便捷的商圈。

（5）选择立店障碍少的商辅。

2. 加盟商评价指标

（1）指标设计应遵循图4-4所示的原则。

（2）指标体系设计。由企业内加盟开发与营运管理相关部门选择优秀人才组成专家组，以头脑风暴方法列出加盟商成功因素表，讨论分析各因素，调整排除相关联因素，力求各因素间相互独立，设计因素调查表，对过去成功失败的和现有的加盟企业进行实地调查，统计汇总数据，进行数据分析，找出与加盟店成功相关的因素，总结出否决性指标和推荐性指标。

（3）加盟者的常见指标及评分标准。

① 加盟者知识素质指标。学历、专业等。

② 加盟者心理素质指标。心理压力承受能力、计划管理能力、组织管理能力、人际交往能力、决策能力、个性倾向（细致或粗放）等。

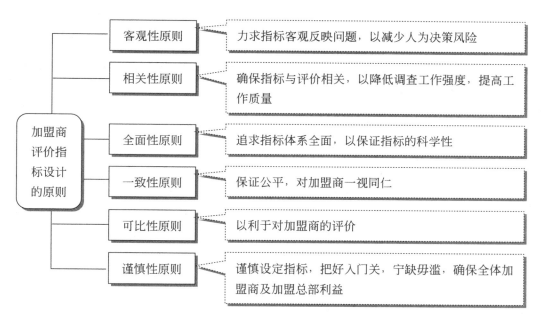

图4-4　加盟商评价指标设计的原则

③ 加盟者从业经验指标。工作年限、决策人（法人或管理者）工作经历、工作业绩、失败经验教训等。

④ 加盟者其他指标。决策人（法人或管理者）的年龄、社会关系、家庭情况。

⑤ 加盟者资产指标。资产总额、资产负债率、资产投资行业及行业平均利润率、现金流量、有无突发性投资风险、资产性质（国有、个人、有限公司）等。

⑥ 加盟者潜力指标。可用人力资源情况、资金融通能力、政府支持可能。

⑦ 加盟者风险分析。房屋租赁期限或所有权、投资行业风险程度。

加盟者的评分标准见表4-2。

表 4-2　加盟者的评分标准

指标名称	评分A（100～91分）	评分B（90～81分）	评分C（80～60分）	评分D（60分以下）
学历				
专业				
心理压力承受能力				
计划管理能力				
组织管理能力				
人际交往能力				
决策能力				
个性倾向				

指标名称	评分A （100～91分）	评分B （90～81分）	评分C （80～60分）	评分D （60分以下）
决策人（法人或管理者）工作经历				
决策人（法人或管理者）的年龄				
社会关系				
家庭情况				
工作年限				
工作业绩				
失败经验教训				
资产总额				
资产负债率				
资产投资行业及行业平均利润率				
现金流量				
有无突发性投资风险				
资产性质（国有、个人、有限公司）等				
可用人力资源情况				
资金融通能力				
政府支持可能				
房屋租赁期限或所有权				
投资行业风险程度				

3.加盟商评价流程

开发人员将经过初选的加盟商的情况，依据加盟商情况调查表调查统计汇总后报研发部，由研发部组织加盟评审委员会，评审委员会对设定的指标进行评分，并依据评审结果对该加盟商进行综合评估，最后讨论得出最终结果。评审通过的，结果发回开发部，由开发部与加盟商签订加盟相关合同；评审未通过的，需整改的明确整改理由，由开发部指导加盟商整改；被否决的，明确否决理由，由开发人员通知加盟商。

第三节　加盟合同管理

加盟合同是指连锁企业或加盟授权方把自己开发的产品或服务的营业系统（包括商标、商号等企业形象、经营技术、营业场合和区域）以营业合同的形式，授予加盟店规定区域内的经销权或营业权的协议书。

一、加盟合同的内容设定

合同的签约是对双方权益的保障，同时也是对双方权责的划分。从事特许经营活动，特许人和被特许人应当采用书面形式订立特许经营合同。特许经营合同应当包括图4-5所示的主要内容。

内容一	特许人、被特许人的基本情况
内容二	特许经营的内容、期限
内容三	特许经营费用的种类、金额及其支付方式
内容四	经营指导、技术支持以及业务培训等服务的具体内容和提供方式
内容五	产品或者服务的质量、标准要求和保证措施
内容六	产品或者服务的促销与广告宣传
内容七	特许经营中的消费者权益保护和赔偿责任的承担
内容八	特许经营合同的变更、解除和终止
内容九	违约责任
内容十	争议的解决方式
内容十一	特许人与被特许人约定的其他事项

图4-5 特许经营合同应包含的内容

相关链接

××餐饮连锁特许加盟合同

特许人（甲方）：_____

地址：_____

法定代表人：_____

受许人（乙方）：＿＿＿＿＿＿＿＿＿＿＿＿＿＿＿＿＿＿＿＿＿＿＿

法定代表人／身份证号：＿＿＿＿＿＿＿＿＿＿＿＿＿＿＿＿＿＿＿＿

地址：＿＿＿＿＿＿＿＿＿＿＿＿＿＿＿＿＿＿＿＿＿＿＿＿＿＿＿＿＿

甲乙双方就加盟事宜，本着互惠互利的原则，双方就特许经营上的权利义务关系达成以下事项，以便共同遵守。

一、特许经营期限及合同期限

特许经营期限与本合同期限自＿＿＿＿年＿＿月＿＿日起至＿＿＿＿年＿＿月＿＿日止，有效期＿＿＿＿年。

二、授权范围

（1）甲方特许乙方在＿＿＿＿省＿＿＿＿市＿＿＿＿区＿＿＿＿＿＿＿街＿＿＿＿号开设＿＿＿＿＿＿＿＿＿＿餐饮加盟店（以下简称"加盟店"），专门经营由＿＿＿＿＿＿统一开发和配送的＿＿＿＿＿＿产品。乙方不得在未经甲方许可的情况下擅自将自己的经营活动和促销活动扩大到上述区域之外。

（2）双方一致确认不因本合同的签订或执行而解释成一方为他方的代理人或合伙人，甲乙双方为独立的法律主体，双方自主经营、自负盈亏、独自承担相应法律责任。

（3）甲方所注册的商标、文字，相关的网络等知识产权，以及产品申请专利及非专利技术，所属权永久性归甲方所有，甲方仅授权乙方在本合同项下范围内依照甲方的要求予以使用。如果本合同届期，不再续约或乙方违反本合同规定，或被撤销授权，或发生乙方擅自转让本合同项下乙方权利等情形，乙方使用商标的权利立即终止，因此给甲方及第三方造成的损失均由乙方承担。

三、营业场地、店面装饰与配置

（1）经甲乙双方共同确认，甲方为＿＿＿＿＿＿产品、知识产权及相关的经营模式的合法所有者，甲方特许乙方在中华人民共和国＿＿＿＿省＿＿＿＿市＿＿＿＿区＿＿＿＿＿＿街＿＿＿＿＿号开设＿＿＿＿＿＿加盟店，专门销售＿＿＿＿＿＿产品。

（2）为维护甲方＿＿＿＿＿＿＿＿品牌形象的统一性，＿＿＿＿＿＿＿＿＿＿＿加盟店由甲方免费进行装饰设计，装修工程由甲方工程部报价并施工，乙方应按工程预算支付装修工程款并协助办理在＿＿＿＿＿＿＿加盟店施工的相关手续。甲方收到工程款项后日＿＿＿＿＿＿内将＿＿＿＿＿＿＿＿＿加盟店交付乙方使用。

（3）＿＿＿＿＿＿＿＿＿加盟店内的营业所需（包括：设备、装置、用具、招牌等）均由甲方统一进行设计、制作。对于营运必需的包装材料、促销礼品、提货袋及其他附属材料、消耗品，_____加盟店应使用总部配备的产品。上述所涉及的费用由乙方承担。

四、相关费用的支付

（1）本合同订立前，乙方应向甲方一次性缴纳特许经营加盟费_____元；及保证金_____元，总计_____元。因乙方原因导致本合同提前解除的，甲方有权扣除全部保证金；因乙方原因导致甲方遭受相应损失的，甲方有权在保证金中予以扣除相应金额，不足部分乙方另行支付，保证金被扣除后_____日内乙方应将保证金补齐至月底金额。本合同解除或终止_____月后，经甲方确认乙方无任何违约行为或应扣除保证金的行为的，保证金应当予以无息返还。

（2）本合同有效期内，乙方应于每月5日以前按_____加盟店上月销售额的____%向甲方交纳_____加盟店上月特许经营权使用费。

五、甲方权利义务

（1）_____的知识产权属于甲方所有，乙方有权在本合同授权范围内合理使用，包括但不限于_____产品的商标、商号、专利、外观设计、装修风格、培训体系、财务体系、和专有技术，核心内容是_____商标及其经营管理标准和技术质量标准。

（2）甲方有权对乙方的营业状况、财务报表、货品销售、库存情况等进行检查、核对，乙方应当给予配合。

（3）甲方协助乙方对员工进行_____企业文化的培训，并不定期的检查乙方服务质量和产品质量，帮助解决生产经营中的管理和技术问题。

（4）为确保专卖经营体系的统一性和产品服务质量的一致性，甲方有权对乙方的经营活动进行监督，并提出相应整改意见，乙方应当遵照执行。

（5）甲方开发、推出的新产品、试验成功后，有权向乙方进行推广。

（6）甲方需向乙方提供乙方开店的授权文书、证牌、店柜装修方案、宣传方案及指定的专卖店形象经营用品和促销品。

（7）甲方如参加展销性质的相关推广会，所产生的展销费用，甲方将统一依据直营店和加盟店的总和店数，平均分摊该费用。

六、乙方的权利义务

（1）乙方不得就甲方所授权使用的商标、知识产权、专利及非专利技术、服务标记、生财设备、器具转授权他人使用；乙方不得就甲方授权使用的标的物与其他企业合并或延伸使用。

（2）甲方将其所有的"_____"商标、产品及相关的经营模式根据以本特许经营合同的约定许可乙方使用，乙方须按本合同的约定，在甲方统一的业务模式下从事加盟餐饮的经营活动，甲方所倡导的经营理念、独创的装修风格及产品制作技术，乙方不得透露或复制给他人使用。

（3）有关_____连锁店的经营及服务，乙方同意接受甲方的指导并遵照甲方公司特许经营店管理规章、附件及本合同的约束。

（4）乙方在本合同约定的权利的责任范围内，自行投资、自负盈亏、自聘员工，自行经营和管理，因此产生的争议与侵权及其他责任等均由乙方自行承担。

（5）甲方特许乙方必须经营_____产品，乙方不得借_____商标来销售或变相经营其他商家商品（有利于推动_____餐饮发展的辅助商品，需事先征得_____总部同意，同时严禁乙方擅自变相加工或出售乙方的配送产品）。

（6）乙方在加盟区域进行_____广告宣传，所产生的一切费用，由乙方自行承担。甲方将免费协助乙方做好宣传资料的设计事务。但其产生的实物制作费用及其运输费用，由乙方自行承担。

（7）乙方应依照本合同的相关约定履行本合同项下的付款义务。

（8）乙方应于本合同生效后_____日内向_____加盟店所在地行政主管机关办理相应的资质、证照及许可等手续，并保证上述手续在本合同有效期内持续有效，如有违反乙方系根本违约。

（9）根据_____视觉识别系统，乙方需要制作相关的视觉效果，_____总部可免费提供设计样稿，但其产生的实物制作费用及其运输费用，由乙方自行承担。

（10）在知悉第三方可能侵犯甲方对_____的任何权益时，或有关_____产品及经营所发生的或可能发生的任何争议、诉讼、仲裁等，均有义务以书面形式通知甲方，并协助甲方予以处理。

（11）本合同履行过程中因乙方及乙方聘用人员所产生的任何侵权、争议或存有上述风险的，均应由乙方出面解决，并承担全部责任及费用。

七、违约责任

（1）本合同履行期间乙方应依照本合同之约定履行付款义务，每逾期一日应向甲方支付当期货款总额_____%的违约金，逾期超过_____日甲方有权解除本合同，甲方保留追究乙方相应责任的权利。

（2）本合同履行过程中，双方应严格履行本合同约定的己方义务，否则违约方应向守约方支付违约行为发生之上月_____加盟店销售额_____%的违约金，如违约行为违反了本合同的签署目的或给对方造成严重后果的，即为根本违约，守约方有权解除本合同，违约方应赔偿守约方因此遭受到的实际损失。

八、同行竞争的禁止及保密的义务

（1）乙方与乙方受雇人及直系亲属、非直系亲属在本合同期间内，或合同期满双方同意终止、解除后三年内，不得在_____加盟店辖区内投资、参与、教导、受雇、从事或合伙经营类似的餐饮企业，如有违反，乙方须将其（含投资人）所得的利益交付或归甲方所有，甲方并可要求乙方赔偿人民币_____元整。

（2）乙方或乙方投资人不得泄露商业机密。否则甲方除可要求乙方赔偿人民币_____元整，还可根据所受的损害程度再要求乙方作出赔偿，乙方不得有异议。

（3）本条的规定，于本合同关系结束后三年内仍具拘束乙方的法律效力。

九、不可抗力

（1）本合同所称不可抗力是指不能预见、不能克服、不能避免并对一方当事人造成重大影响的客观事件，包括但不限于自然灾害如洪水、地震、火灾和风暴等以及社会事件如战争、动乱、政府行为等。

（2）如因不可抗力事件的发生导致合同无法履行时，遇不可抗力的一方应立即将事故情况书面告知另一方，并应在_____天内，提供事故详情及合同不能履行或者需要延期履行的书面资料，双方认可后协商终止合同或暂时延迟合同的履行。

十、争议解决

本合同履行过程中双方发生任何争议、纠纷，有关各方首先应协商解决。当协商无法解决时，应按以下第_____项规定的方式解决争议。

（1）向有管辖权人民法院提起诉讼。

（2）向_____仲裁委员会申请仲裁。

十一、其他

（1）本合同自双方签字盖章后生效，本合同由双方协商一致后在_____签署，一式_____份，双方各执_____份，双方所执协议具有同等效力。

（2）本合同未尽事宜双方另行协商解决并签署附件或补充协议，本合同条款非经甲乙双方书面同意不得修改。

（3）本协议项下的任何通知以及向对方提出的要求均以书面形式按下列地址或电话号码、传真号码送达对方。

甲方：   乙方：

指定联系人：   指定联系人：

通信地址：   通信地址：

邮政编码：   邮政编码：

电话：   电话：

传真：   传真：

开户银行：

账户：

如甲、乙任何一方的上述联系方式发生变化，该方应于变化后三个工作日内书面通知对方。

（4）任何通知或要求按照上述联系方式发送，应视为在下述时间送达。

① 如为信函，以邮戳所示日期为送达之日。

② 如为传真，发送之日即为送达之日。

③ 如为专人递送，收件人签收之日为送达之日。

④ 如交由专业快递公司递送，以寄件人交寄后满三日为送达之日。

任何文件或要求送达到对方的上述地址或对方的指定联系人，即视为送达。

甲方：   乙方：

签约日期：   签约日期：

二、加盟合同的管理流程

合同管理流程如图4-6所示。

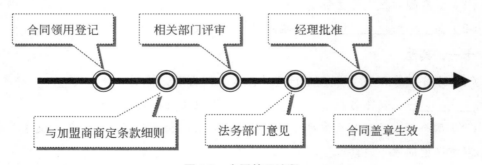

图4-6　合同管理流程

合同管理具体要求如下。

（1）合同由办公室统一负责制定固定式样合同，由办公室负责进行领用登记管理。合同使用登记表见表4-3。

（2）合同由开发人员提供给加盟商浏览，进行商洽。

（3）商洽的结果报相关部门审批后报法律部门批准，最后报公司经理批准后，由办公室盖章生效。

（4）生效合同由办公室存档，财务部、开发部、营运部、人力资源部保留复件。

表 4-3　合同使用登记表

合同编号	领用人	领用日期	状态（发出、签订、失效）	对方企事业名称	备注

三、加盟合同的管理体系

合同管理工作不能仅靠餐饮加盟企业中某一个人的力量，而是要靠一个组织体系做保障。针对这一点，企业要设立一个三级管理体系。

（1）要成立合同管理领导小组，主要职责是宣传、贯彻国家合同法律、法规及上级合同管理规章制度；制定本企业合同管理办法并组织实施；决定本企业合同管理方面的重大问题。

（2）成立专门的业务部门作为本企业合同归口管理部门，具体负责合同管理工作。要配备政治素质高、专业知识强的专职合同管理人员（具有企业法律顾问资格证书），负责合同管理的具体业务。

（3）在下属企业配备专（兼）职合同管理员，负责本餐饮加盟企业的合同管理工作。从而使整个企业的合同管理形成一个严密的组织体系，为规范合同管理奠定坚实的基础。

第四节　加盟督导管理

为保证连锁加盟店运营工作的顺利进行，维护连锁餐饮企业的运营质量标准，连锁餐饮企业有必要做好连锁经营督导工作管理。

一、督导的作用

具体来说，督导的作用有以下几点。

（1）定期探访加盟店并做实质性支援，纠正加盟店的不良做法，现场指导并解决营运上存在的问题。

（2）帮助加盟店订立营业计划和改善经营绩效，进行市场分析和营业分析。

（3）广告宣传和品牌现象支持。

（4）提供管理及财务方面的咨询与服务。

（5）及时提供新产品及新的改善业绩的方法。

（6）公司相关账款的回收。

二、督导的原则

督导工作应遵循图4-7所示的原则。

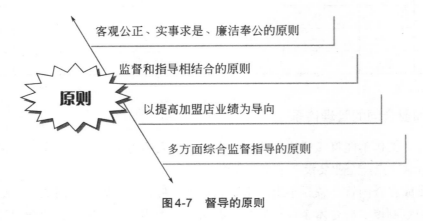

图4-7　督导的原则

三、督导的组织设立

1.督导组织结构建立

连锁餐饮企业可在运营管理部下设营运督导岗位，负责对连锁加盟店的督导工作。如图4-8所示。

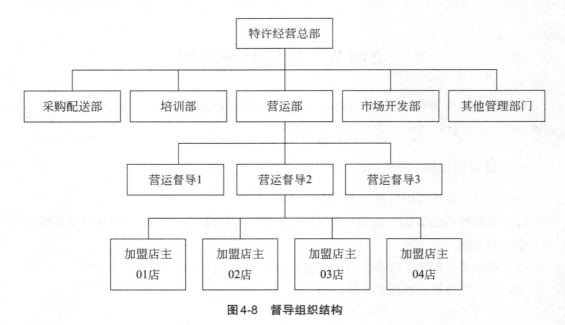

图4-8　督导组织结构

2.营运督导的条件

营运督导人员应具备以下条件。

（1）具有单店店长的工作经验，掌握分店的营运管理模式。

（2）全部通过分店培训内容和所有督导人员培训课程。

（3）具有丰富的专业知识。

（4）具有一定的经营管理知识。

（5）具有良好的沟通技巧与指导能力。

（6）具有强烈的责任感。

3.督导人员的职责

督导人员的主要职责如下。

（1）在所管辖的区域中，维持公司各项标准。

（2）协调公司与各加盟商关系，在双方共同获益的前提下，使各加盟商与公司保持一致的行动。

（3）根据公司的管理模式，给加盟商提供管理与经营支持，帮助他们进入正确的分店发展道路。

（4）传达并追踪公司的新政策、新产品实施和促销活动。

（5）确保特许经营合作过程中公司利益不受损失。

（6）执行人员发展计划，培养公司所需的管理人员。

（7）现有加盟店控制考核。

（8）相关账款回收。

（9）积极反映市场及加盟店的信息。

4.督导的方式

常用的督导方式有图4-9所示的两种。

| 1 | 例行督导 | 例行督导又分为两种方式，第一种为定期督导，指督导人员每月对加盟店督导一次，并提出督导报告；第二种为不定期督导，指督导人员针对每月督导过程中和秘密顾客督导中发现的问题，以及顾客投诉中反映问题较集中的加盟店进行不定期的督导，每季至少一次 |
| 2 | 秘密顾客督导 | 公司聘用企业外人员以秘密顾客的身份对加盟店进行不定期的秘密监察 |

图4-9 督导的方式

四、督查的内容

督导工作的主要任务是贯彻连锁总部的政策与规范，监督、指导和支持连锁加盟店的业务运行。其工作内容有：监督连锁加盟店的运营质量，维护连锁总部的运营标准，指导运营企业运作，帮助加盟店提高业绩。其中督查工作主要涉及表4-4所示的内容。

表 4-4 督查工作涉及的主要内容

序号	督查项目	具体内容
1	经营业绩督查	（1）营业额 （2）利润额 （3）费用额 （4）毛利率 （5）业绩达成率 （6）空间效益
2	员工状态督查	（1）营业时间 （2）员工出勤 （3）员工仪表 （4）服务态度 （5）服务规范 （6）记录填写
3	产品质量督查	（1）服务质量 （2）菜品质量 （3）面点质量
4	形象及环境督查	（1）整体形象 （2）门前环境 （3）餐厅环境 （4）卫生间 （5）厨房环境 （6）洗碗间
5	物料配送仓储督查	（1）物料配送 （2）库存管理 （3）冷库管理

 相关链接 ‹ ···

督查常用表格

1.日常营业督查表

日常营业督查表见下表。

日常营业督查表

序号	检查项目	督导检查标准	评分档次									得分
			好		较好		一般		较差		差	
A1	营业时间	按照营业手册规定按时开业	20	18	16	14	12	10	8	6	4	2	
A2	早会召开	按照营业手册规定每天举行开业前早会	20	18	16	14	12	10	8	6	4	2	
A3	轮休状况	员工有规律地合理进行轮休	20	18	16	14	12	10	8	6	4	2	
A4	员工出勤	员工出勤率高，迟到现象少见，精神饱满	20	18	16	14	12	10	8	6	4	2	
A5	表单填写	按照营业手册的规定认真填写每项表单	20	18	16	14	12	10	8	6	4	2	
A6	店长日志	店长日志按照规定每天填写，内容翔实，不走过场，对工作具有指导性	20	18	16	14	12	10	8	6	4	2	

2.服务质量督查表

服务质量督查表见下表。

服务质量督查表

序号	检查项目	督导检查标准	评分档次									得分
			好		较好		一般		较差		差	
B1	服装风格	符合企业VI手册要求，体现企业风格	30	27	24	21	18	15	12	9	6	3	
B2	服务态度	主动热情迎宾；细致、周到、和蔼、耐心、微笑服务；礼貌送客	20	18	16	14	12	10	8	6	4	2	
B3	仪容仪表	端庄、大方；淡装上岗；着装整齐；配戴工号（门卫、业务、迎宾、服务员）	10	9	8	7	6	5	4	3	2	1	
B4	服务语言	语言规范、文雅、准确简明；语调轻柔、亲切；音量适度	10	9	8	7	6	5	4	3	2	1	
B5	服务技能	递送菜单、开票、斟酒水、上菜、结账、收尾程序规范；操作姿势准确、熟练、优美大方	10	9	8	7	6	5	4	3	2	1	
B6	服务效率	服务程序衔接紧凑、合理；服务动作轻快、敏捷、灵活	10	9	8	7	6	5	4	3	2	1	
B7	服务卫生	倒酒水、上菜不滴不洒、干净利落；始终保持桌面整洁	10	9	8	7	6	5	4	3	2	1	

3.产品质量督查表

产品质量督查表见下表。

产品质量督查表

序号	检查项目	督导检查标准	评分档次										得分
			好		较好		一般		较差		差		
菜品质量													
C1	特色菜	菜单上特色菜所占比例	30	27	24	21	18	15	12	9	6	3	
C2	选料	原料新鲜；主、配料搭配合理	10	9	8	7	6	5	4	3	2	1	
C3	火候	符合烹饪技法要求；不生、不糊、不过火；体现原料质地特性：脆、嫩、爽、滑等	10	9	8	7	6	5	4	3	2	1	
C4	造型	美观大方；讲究艺术性、观赏性	10	9	8	7	6	5	4	3	2	1	
C5	刀工	大小、薄厚整齐划一；符合菜品特色要求	10	9	8	7	6	5	4	3	2	1	
C6	色泽	色彩搭配合理，符合菜品要求；明汁亮芡	10	9	8	7	6	5	4	3	2	1	
C7	口味	符合菜品特色；味道适中	10	9	8	7	6	5	4	3	2	1	
C8	卫生质量	成品无杂物；器皿洁净											
面点质量													
D1	荷叶饼	使用×××配送荷叶饼比例	10	9	8	7	6	5	4	3	2	1	
D2	葱油饼	薄、软、热	10	9	8	7	6	5	4	3	2	1	
D3	空心烧饼	色泽金黄；口感酥、松、软、清香；形状均匀	10	9	8	7	6	5	4	3	2	1	
D4	特色创新	产品色泽正常、美观大方、火候适中，有新意	10	9	8	7	6	5	4	3	2	1	
D5	面点卫生	原料新鲜、器皿洁净	10	9	8	7	6	5	4	3	2	1	

4.形象卫生督查表

形象卫生督查表见下表。

形象卫生督查表

序号	检查项目	督导检查标准	评分档次										得分
			好		较好		一般		较差		差		
整体卫生													
E1	整体形象	整体店堂风格是否符合企业手册要求	10	9	8	7	6	5	4	3	2	1	
E2	门前环境	干净整齐；无杂物；企业标识规范整洁	10	9	8	7	6	5	4	3	2	1	
E3	厅堂环境	装饰美观、大方、明快；企业特色宣传明显；物品摆放整洁；接待设施齐备	10	9	8	7	6	5	4	3	2	1	
E4	厨房环境	厨房、明堂间、洗碗间整齐、干净、明亮	10	9	8	7	6	5	4	3	2	1	
E5	晾坯间	温度10～15℃，备有轴流风机、除湿机、空调	10	9	8	7	6	5	4	3	2	1	
E6	餐厅环境	整齐、明亮、干净、优雅；地面、墙面无杂物、无灰尘；灯具齐全、洁净；桌椅摆放有序	10	9	8	7	6	5	4	3	2	1	
E7	餐茶酒具	台面摆放规范；器具消毒合格，光洁、涩干、无破损；台布、口布平整干净，无破损，符合VI要求	10	9	8	7	6	5	4	3	2	1	
E8	食品卫生	原料新鲜；色泽、气味正常	10	9	8	7	6	5	4	3	2	1	
E9	卫生间	设备设施完好；卫生用品齐全；环境幽雅、装饰美观、干净、无异味；设置专人负责											
E10	个人卫生	按岗位着装，整洁；仪容仪表规范统一	10	9	8	7	6	5	4	3	2	1	

续表

序号	检查项目	督导检查标准	评分档次										得分
			好		较好		一般		较差		差		
洗碗间													
F1	地面	无积水油污，垃圾袋装泔水密闭	10	9	8	7	6	5	4	3	2	1	
F2	洗消程序	按四工序（去残渣、洗涤、清洗、消毒）操作	10	9	8	7	6	5	4	3	2	1	
F3	碗架摆放	干净完好，分类码放整齐	10	9	8	7	6	5	4	3	2	1	
F4	餐具	光洁、涩干、破损率符合要求	10	9	8	7	6	5	4	3	2	1	
F5	消毒设备	消毒设备完好，消毒效果符合标准	10	9	8	7	6	5	4	3	2	1	
库房													
G1	环境卫生	地面干净无杂物、无鼠迹，天花板无浮尘、无脱落，货架完整无尘土，物品分类存储	10	9	8	7	6	5	4	3	2	1	
G2	物品摆放	隔墙离地，码放整齐便于存取	10	9	8	7	6	5	4	3	2	1	
G3	标识	标签清楚，有厂家、保质期	10	9	8	7	6	5	4	3	2	1	
G4	物品储存	无超保质期、无异味变质	10	9	8	7	6	5	4	3	2	1	
G5	库房管理	账、卡、物相符	10	9	8	7	6	5	4	3	2	1	
冷库													
H1	温度	蔬菜库 $2 \sim 4 ℃$，冷冻库 $-18 \sim -9℃$	10	9	8	7	6	5	4	3	2	1	
H2	冷却管	无冰结	10	9	8	7	6	5	4	3	2	1	
H3	地面货架	地面有隔离物，无杂物，货架干净完好	10	9	8	7	6	5	4	3	2	1	
H4	食品储存	不存放过期、变质食品	10	9	8	7	6	5	4	3	2	1	
H5	物品摆放	分类存储，摆放整齐	10	9	8	7	6	5	4	3	2	1	

5.经营业绩督查表

经营业绩督查表见下表。

经营业绩督查表

评核项目	占比	目标	实绩	得分
营业目标达成比（25分）				
费用预估控制率（25分）				
毛利目标达成率（25分）				
营业额成长率（25分）				
总得分				
建议事项				

评核说明：

（1）第1项及3项之评分标准以20分为基准分数，当实绩达目标100%者，得20分，每未达1%，倒扣0.2分，超过目标100以上者，每超过1%加0.1分。

（2）第2项费用预估的控制原则，以不超过预估额为基准，当实际发生额与预估额符合时得分20分，每低于预估额20%，加1分，高于预估额1%，则扣分1分。

（3）第4项之评分标准，以10分为基准，当实绩达总目标100%故得10分，每未达1%倒扣0.2分，超过去年实绩100%以上者，每超过1%加0.1分（开新店以第1项加重计分）

（4）60分为及格分数

五、督导的程序

1.例行督导的工作流程

例行督导的工作流程如图4-10所示。

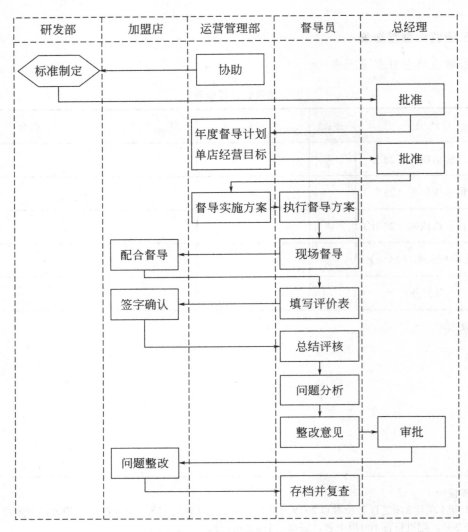

图4-10　例行督导的工作流程

例行督导工作流程说明如下。

（1）协助研发部制定加盟店运作标准，包括产品质量标准、员工士气服务质量标准、整体形象及卫生安全标准、配送及库存标准等。

（2）编制督导工作计划，包括督导的时间安排、对象、内容、方式等，并制定加盟店年度经营目标，报总经理批准。

（3）根据批准后的督导工作计划编制督导工作实施方案，包括具体的督导对象、重点督导的内容、督导的方式和进行督导的时间等。

（4）根据加盟店营业目标计划对加盟店经营情况进行督查，根据服务、产品、环境的质量标准及公司的相关政策制度对加盟店的营销、产品、服务、员工士气、整体形象、环境卫生等方面进行现场调查，对违规的事项进行取证落实，并当面指出不足之处。

（5）填写督查记录表单，同加盟店长进行沟通，同时请加盟店长在督查记录表单上签字确认。

（6）对发现的问题进行分析，找出其中共性的东西和特殊发生的事件，编制监督结果总结分析报告，会同督查记录表一并交部门经理及总经理参阅。

（7）运营管理部组织编写问题整改意见，经总经理批准后下达到各加盟店。

（8）实施监督各加盟店的整改执行情况，并在适当时机复查问题店。

（9）整理督导文件、建立档案。

2.秘密顾客督导的工作流程

秘密顾客督导的工作流程如图4-11所示。

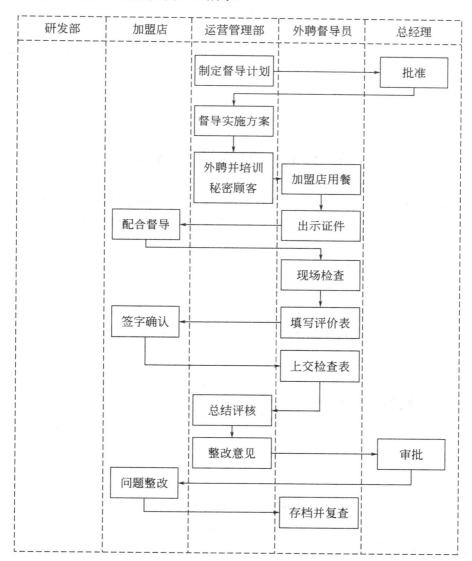

图4-11 秘密顾客督导的工作流程

秘密顾客督导流程说明如下。

（1）运营管理部编制督导工作计划，其中包括秘密顾客督导部分，并报总经理审批。

（2）在经总经理审批的督导计划的基础上制定秘密顾客督导执行的详细方案，其中包括拟聘的秘密顾客要求、秘密顾客检查的评价表等。

（3）按照督导计划拟定聘请的秘密顾客名单，向被聘请人颁发聘请书，并对秘密顾客进行必要的督察知识培训。

（4）秘密顾客按照督导计划到加盟店，在不亮明身份的前提下在加盟店用餐，并注意观察人员服务、菜品质量等。

（5）用餐完毕，向加盟店亮出聘任书，证明自己身份。

（6）在加盟店相关人员的陪同下，对加盟店的前厅、后厨、整体形象等方面进行检查，并当面指出不足之处。

（7）填写督查记录表单，同加盟店长进行沟通，同时请加盟店长在督查记录表单上签字确认。

（8）将检查记录表交公司运营管理部分析备案。

第五节　加盟辅导管理

为了更好地帮助加盟商达成营业目标，连锁餐饮企业应按经营业绩将加盟店进行分类，对不同级别的门店，应采取不同的方式，安排不同的课程对其进行辅导。

一、辅导管理的目的

辅导管理的目的如图4-12所示。

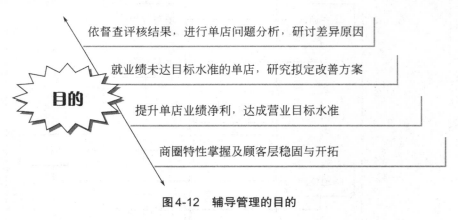

图4-12　辅导管理的目的

二、辅导管理流程

辅导管理流程如图4-13所示。

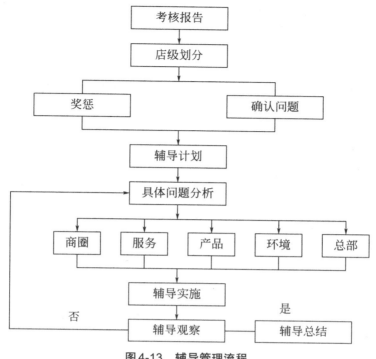

图4-13　辅导管理流程

流程说明：

（1）根据加盟店的经营业绩及督导评核报告，对加盟店分级。

（2）根据分级结果对加盟店进行奖惩，并对加盟店存在的问题进行初步探讨、确认问题，从中找出单店差异的原因。

（3）编制加盟店辅导计划，包括促销、人员住店、培训等。

（4）成立项目小组，对存在问题进行分析，包括商圈、服务、产品、环境、总部支持等方面。

（5）针对存在问题进行相关支持，根据产生问题的原因对加盟店成员进行培训。

（6）对辅导后的加盟店运营情况进行观察。

三、店级划分

1.优秀店的定义

（1）经评定人员士气、服务、环境、产品、钱财状况及配送仓储均良好者。

（2）经营一段时期（约三年）绩效一直卓著，公司可给予较高的营业目标。

（3）经评定为A级店者。

2.二级店的定义

（1）督导评核尚可，在人员士气、服务、环境、产品、配送仓储及钱财方面经常出现不符合标准的情况，经督导后改正不彻底。

（2）没有达到公司制定的营业目标，但仍有盈余（达目标80%）。

（3）经评定为B级店者。

3.三级店的定义

（1）督导评估不良，在人员士气、服务、产品、环境、配送仓储及钱财方面一直存在不符合标准的问题，且经督导指出，运营管理部下达问题整改通知，屡经督导，问题仍然难以改正。

（2）盈余连续亏损2个月。

（3）人员大量流失达1/3。

（4）生产力偏低。

（5）来客数降低明显。

（6）营业额低于目标80%以下。

（7）经评定为C级店者。

四、问题分析

餐饮企业可将经营不佳的店做个别原因分析。一般来说，经营不佳的门店大致会出现表4-5所示的几种问题。

表4-5　经营不佳门店存在的问题种类

序号	问题种类	具体内容
1	商圈掌握	（1）商圈特性掌握不佳 （2）竞争店数增加及竞争店改变特殊营销策略 （3）商圈腹地太小，人流不足 （4）商圈内消费者的消费习惯与本企业定位不符 （5）总部在不了解商圈状况下布点错误
2	服务、士气管理	（1）服务态度不佳 （2）人员敬业精神差 （3）服务流程不顺 （4）人员不足 （5）教育训练执行不佳
3	菜品管理	（1）菜品组合不当，菜单设计不合理 （2）原料配送管理不严格，使产品品质得不到控制，经常有顾客抱怨 （3）丢掉×××风味
4	运营管理	（1）店长领导方式不佳 （2）促销执行不佳 （3）店内布局不合理 （4）现金短缺情况增加 （5）没有配合总部营运方针 （6）加盟店与总部的沟通不良

续表

序号	问题种类	具体内容
5	环境整洁	（1）前厅或包间环境清洁卫生差 （2）后厨杂乱不洁，导致菜品卫生状况差 （3）店外卫生管理不佳 （4）用餐器具清洁卫生不佳
6	总部	（1）总部人员配合不到位 （2）总部未积极解决门店问题 （3）总部未尊重加盟店所提的议案 （4）总部对发布的政令未贯彻执行 （5）总部的策略方针偏差
7	绩效	（1）营业目标达成率不佳 （2）毛利目标达成率不佳 （3）费用目标控制率不佳 （4）净利目标达成率不佳

五、辅导方式

餐饮企业应根据所分析的问题点对加盟店施以必要辅导。

1.辅导对象

（1）正职人员采取集中式训练（针对问题需求排定课程）。

（2）兼职人员由店主管采取激励、奖励方式进行。

（3）专业人员由总部集中或个别训练。

2.辅导方式

（1）采取集中式教育特别训练。

（2）总部配合事项（促销活动、人员驻店、管理改善、激励活动等）。

（3）列为二级店者，成立督导小组，定期派员督导，每周定期回报。

（4）列为三级店者，成立督导小组，执行救店计划，并派员驻店督导，每周定期回报，直至提升为二级店后，依二级店处理。

六、辅导训练

1.安排辅导课程

针对督导发现的问题，餐饮企业可安排以下内容的辅导课程。

（1）激励活动。

（2）商圈调查与资料运用。

（3）服务流程训练。

（4）服务技巧的应用。

（5）烹饪技术专业训练。

（6）管理技巧训练。

（7）环境整洁的标准作业程序训练。

💿 小提示：

　　安排辅导课程时，领导沟通激励活动、商圈调查与资料运用为必修课程；对大部分的三级店及二级店都有的问题应加重课程安排。

2.课程组合方式

　　餐饮企业可根据问题分析结果再将课程基本类别套入，针对不同的问题，建议课程安排如表4-6所示。

表4-6　课程组合方式

序号	问题类型	总部研讨	加盟店课程
1	商圈问题	商圈立点不佳研讨	（1）商圈调查与资料运用 （2）最佳店址寻找
2	服务问题	人员服务研讨	（1）服务技巧的运用 （2）服务流程训练 （3）管理技巧训练 （4）领导沟通激励活动
3	菜品问题	菜品问题研讨	（1）烹饪技术训练 （2）菜品创新技巧训练 （3）菜单设计训练
4	管理问题	（1）单店与总部的沟通不良研讨 （2）总部配合不佳研讨	（1）促销执行训练 （2）管理技巧训练 （3）营运方针的宣导 （4）领导沟通激励活动
5	卫生问题	无	（1）环境整洁的标准作业 （2）商圈调查与资料运用 （3）领导沟通激励活动
6	总部问题	（1）总部的策略方针偏差 （2）命令发布未能贯彻执行 （3）总部配合不佳研讨	（1）商圈调查与资料运用 （2）营运方针的宣导 （3）领导沟通激励活动

第六节 加盟信息管理

对加盟商的档案信息，连锁餐饮企业应做好归类管理，以便为加盟商提供良好、切实的服务，也便于企业掌握加盟店的情况与需求。

一、加盟信息管理流程

加盟信息管理流程如图4-14所示。

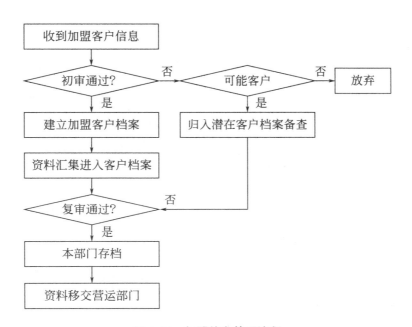

图4-14 加盟信息管理流程

二、加盟商信息管理要求

企业应将与客户的往来资料，按统一的分类方法依客户类别汇总收集在一起，往来客户名簿是公司对于往来客户在交易上的参考资料的整理，将交易状况记录下来。

比如：往来客户的信用度及其营业方针与交易的态度等资料都在这里面。也就是说交易往来客户名簿是要将交易往来客户的现状经常性地记载出来。

1.资料的内容

资料内容包括加盟商的法人简历、管理者简历、公司营业执照、公司简介、公司财务报表、资产情况评估结果、加盟项目可行性分析报告、房产证明文件、银行资信证明文件、经营场所位置图、经营场所结构图、特许经营加盟申请书、开发部加盟商考察报告、各项费用收缴记录、加盟店注册文件，卫生、消防、许可证文件，培训记录等。

2.加盟商的档案管理

（1）加盟招募过程中的客户原始资料以档案方式一家公司使用一个档案袋由对应开发人员负责记载、订正等。由开发部经理收存管理。

（2）档案首页应制作档案信息汇总速查表（表4-7），将日常使用数据摘入信息汇总速查表，以备日常查阅使用。

表 4-7　连锁开发档案信息汇总速查表

所在城市人口	所在城市人均收入	从事行业分类					档案编号			
		一	二	三	四	五				

企业名称			店面	店面	□自有　□租用	面积		停车车位	个
电话		往来日期	年　月　日	朝向	东□　南□　西□　北□　其他□____				
地址				临街面数	一面□　二面□　三面□　四面□　其他□____				
资本额		登记日期	年　月　日	临街面长度	____米				
负责人	出生	年　月　日　年龄　岁	□已婚　□未婚	建筑风格　外部广告面积	古典□　现代□　精细□　粗犷□　□尚可　□差　P.O.P　□少数　□无				
住址				餐客对象	政府□　企业□　家庭□　朋友□　旅游团体□　其他□_____				

实际经营者	名称		店员	总评		
	电话			人数	计____人　管理____服务_____　厨师____其他____	
	住址			向心力　敬业精神	□佳　□尚可　□差　推销实力　□佳　□尚可　□差	
	经营者	出生　年　月　日　年龄　岁	□已婚　□未婚	交易条件	佳□　尚可　□差　待遇　□佳　□尚可　□差　结账日　票期　现金　%	
	住址					
	个人爱好					

业务联系人		地理位置	信用分析
			1.负责人或经营者： 2.财务分析： 3.销售实力： 4.同业间地位： 5.其他：
往来银行			

填卡		备注	

3.加盟商原始档案资料的保管和阅览

（1）各相关部门在必要的时候，可随时向开发部借阅常备的加盟商档案资料，但需开发部经理批准。

（2）开发部经理对于档案资料的保管要十分留意，避免污损、破损、遗失等。

4.做成记录及订正

餐饮企业应在加盟商通过初审并将复审所需加盟商提供的资料收集齐备后，报开发部经理批准建立档案，然后开始加盟商考察，并将考察报告一并放入加盟商档案资料中。对于加盟招募过程中的资料变更开发人员应及时进行订正。

5.失效资料的整理及处理

资料期限超过十年或失去分析利用和开发价值的，应取得主管经理的认可后将其销毁。

 相关链接

××餐饮企业加盟店档案管理制度

目的：

为加强加盟店铺的规范管理，为加盟商提供良好、切实的服务，便于掌握加盟店情况与需求，以利于公司制定相应的销售政策，特制定本制度。

适用范围：营运部、招商部、办公室

内容：

第一章 加盟店铺档案的设立

第一条 店铺档案的收集

（1）基本资料的收集。拓展部与加盟商联系沟通所填写的《店铺详细资料卡》《店铺选址分析表》《加盟店开业服务跟踪表》《投资金额、投资回报分析表》《加盟协议》。

（2）营运部提供新开业店开业照片。

（3）补充资料的收集。营运部提供的加盟店铺《月销售报表》《促销活动计划表》《促销活动售后分析表》；办公室出具的对相关店铺的嘉奖表彰、通报批评、解约通知书、撤销加盟资格的各类公文。

第二条 店铺方案的整理

（1）由拓展部专员负责将收集的基本资料进行汇总编号，原件存进文件夹进行归档。

（2）营运部门的每月报表及补充资料，对各类资料进行分类，以店铺编号进行排列，交办公室进行归档。

（3）店铺基本资料录入电脑，建立数据库，进行电子存档。

第二章　加盟店铺档案的补充、变更、废除

第三条　新开业店铺档案的补充

（1）依照新店开业的流程填写各类表单，形成店铺档案的基本资料，不断进行补充。

（2）新签订的《加盟协议》按签订时间进行归档。

（3）开业照片的收集及归档。

第四条　加盟协议的续订。

对于合同期限到期的《加盟协议》，公司与加盟商重新签订新的《加盟协议》。新协议一式两份，公司与加盟商各执一份。办公室对续订合同进行归档，旧合同同时作废。

第五条　加盟店铺其他资料的变更

店铺地址的变更：由加盟商向公司递交《加盟店铺地址变更申请书》，说明变更理由、变更后详细地址，并向公司交纳变更费用1000元。

店铺经营者/负责人的变更：由加盟商向公司递交《变更加盟店铺经营者申请书》，附变更后经营者身份证复印件，说明变更理由，重新签订《加盟协议》。

以上变更后的申请资料、公司批复文件作为补充资料重新归档，作废资料依照有关规定进行处理。

第六条　店铺资料的废除

公司对已办理完的撤场店铺资料进行合理处理，将作废资料存档至规定期限后予以废除。

第三章　加盟店铺档案的查询

第七条　由于工作需要对店铺档案进行查询，依照公司有关档案制度的借阅办法，填写《档案借阅申请单》，由办公室统一办理。

第四章　其他

第八条　档案管理注意事项

（1）加盟店铺档案管理应保持动态性，对更改事项进行及时变更。

（2）加盟店铺档案应当"用重于管"，为开拓市场、方便营运部门工作提供查询依据。

（3）对于撤场店铺回收的物品，办公室将其查核整理后，退回仓储部。

附则：

第九条　附表《店铺详细资料卡》《店铺选址分析表》《加盟店开业服务跟踪表》《投资金额、投资回报分析表》《月销售报表》《促销活动计划表》《促销活动售后分析表》《加盟店铺地址变更申请书》《变更加盟店铺经营者申请书》

第十条　本制度自××××年××月××日起生效，本制度未尽事宜随时调整。